病院清掃35年のプロが教える病気にならない掃除術

最新科学でわかった

松本忠男
TADAO MATSUMOTO

幻冬舎
GENTOSHA

はじめに　正しく拭くことが、大切な人の命や健康を守る

◎お掃除は「命」とつながっている

わたしがこの業界に入ったのはいまから35年以上前のことです。それまでは住み込みで新聞配達をしたり、東京ディズニーランドの店舗運営課などで働いてきました。清掃業に入ったきっかけは就職情報誌でたまたま見かけた求人広告でした。「ヘルスケア」という言葉に惹かれて、株式会社ダスキンヘルスケアに応募したのです。

ダスキンヘルスケアは、ダスキンが１００％出資する子会社で、当時はアメリカのサービスマスター社とロイヤルティー契約をし、病院内の清掃や設備管理、看護助手や給食といった医療以外のマネジメントを受け持っていました。

３か月の研修を受けて配属されたのが、神奈川県内の市立病院でした。わたしは、清掃マネージャーとして派遣され、病院内で働く清掃スタッフをマネジメントすることになりました。

マネージャーといっても別に偉そうな仕事をしていたわけではなく、当時流行《はや》っていたシステム手帳を小脇に抱えて、院内をひたすら回ってスタッフに声をかけたり、現場の状態をチェックしたり、看護師さんとコミュニケーションをとったりと、とにかく1日中病院内を歩いて回っていました。

汚れを見つけたら、スーツにネクタイ姿のままでトイレの便器をこすったり、病室にモップをかけたり、といったマネジメント以外の仕事もたくさんやりました。しっかりとしたマニュアルはありましたが、現場はその通りに動いてくれません。きちんと清掃されていないのは当たり前で、スタッフ同士のもめごとはあるわ、無断で休むわ、挙句の果てにはすぐに辞めてしまうわで、翻弄される日々が続きました。

そのような中、あるショッキングな出来事が起こりました。

いつものようにスーツ姿で病室の清掃に行くと、昨日までベッドで横になっていたおばあさんがいません。後日、娘さんから「MRSA（メチシリン耐性黄色ブドウ球菌）による院内感染で亡くなった」と聞きました。

黄色ブドウ球菌は人の鼻や口などに普通に存在する菌で、健康な人には害を及ぼすことはありません。しかし、高齢の方や免疫力が極端に低下した方が感染すると、命を落としてしまうことがあります。ＭＲＳＡは、通常の黄色ブドウ球菌と違って、抗生物質が効かず、感染すると打つ手がないからです。

その娘さんからはお手紙もいただきました。そこにはこうありました。

「松本君、毎日、お掃除をしてくれてどうもありがとう」

ジーンときました。と同時に「もっときちんとやらなきゃいけないな」と強く感じました。

当時のわたしは、これといった知識も経験もなく、普通のお掃除の延長線上みたいな感覚で現場に立ち、いまのような徹底した衛生管理はできていませんでした。毎日、とにかく忙しく、たくさんの病室をこなさなきゃいけない。そんなこともあって１人ひとりに寄り添ったお掃除はできていませんでしたし、そのやり方にしても何となく丸く拭いてみたりといったところもあったと思います。

でも、このおばあさんの一件を境にお掃除への向き合い方が一変しました。

お掃除は命とつながっている。

そう心に刻み、35年余り、「本当に人のためになるお掃除とは何か？」「病気にならないお掃除とは何か？」を求め徹底的に研究・実践してきました。

医療現場の人たちから「たかが掃除屋だろう」とか「掃除で何ができる⁉」とさんざんいわれてきましたが、いまも清掃の現場に立ち続けています。それは、あの時の出来事がいまもわたしの心に突き刺さり、ずっと残っているからです。

◎「拭く」はすべての基本となる大事な作業である

お掃除で一番大切なこと、それは何だと思いますか。

定期的にやること。
汚れをためこまないこと。
時間をかけて丁寧にやること。

どれも間違いではありませんが、それよりもずっと大切なことがあります。
さて、何でしょう。
答えは「拭き方」です。
「なんだ」と思われた方もいらっしゃるかもしれませんね。

では、もうひとつ質問です。

あなたは正しい拭き方でお掃除ができていますか。

正しい拭き方とはどんな拭き方でしょうか。

少し考えてみてください。


お掃除というと、さまざまな作業を思い浮かべることでしょう。しかし、そのひとつひとつの作業を分解してみると、「拭く」「吸う」「掃く」に分けられます。

たとえばリビングだったら、掃除機で「吸う」かフローリングワイパーで「拭く」でしょうし、和室だったらほうきで「掃く」か掃除機で「吸う」になります。そのほかテーブルは「拭く」ですし、キッチンも「拭く」か「こする」（「拭く」の一種）かです。

つまり、お掃除という作業には、たくさんの作業があるように見えて、実はそのほとんどが「拭く」に集約されるわけです。


ですから、極端な話、正しく拭くことができていれば、あなたのお掃除は9割成功しているといってもよいでしょう。

それぐらい「拭く」ことは、お掃除にとって大切な作業なのです。

正しく拭けているかどうかで、お掃除の結果や効果は大きく違ってきます。

正しい方法で拭くことで、効率よく汚れの量を減らすことができます。

ホコリの飛び散りや舞い上がりを最小限に抑えることができます。

ひいては、あなたやあなたの大切な人たちの命や健康を守ることができるのです。

◎水拭きは汚れを激増させている

あなたはテーブルや床を拭く時にまず濡れた布きんやぞうきんを使っていませんか。

またはいきなりウェットティッシュで拭いている人も多いかもしれません。

実はこれ、絶対にやってはいけないお掃除法のひとつです。

いきなりの水拭きはほとんどの場合、きれいにするどころか、かえって汚れを塗り広げることになります。

拭く時は、まず乾《から》拭きです。水拭きをするのは、乾拭きで表面の汚れを取り除いたあとです。

次に拭き方ですが、普段、みなさんはどんなふうに拭いていますか。

拭き方として考えられるのは次の3つです。

①円を描くように動かす「ぐるぐる拭き」
②前後左右に往復させる「ゴシゴシ拭き」
③常に同じ方向に動かす「一方向拭き」

さて、あなたの拭き方はどれでしょうか。

正しい拭き方は③の一方向拭きです。

ここはぐるぐる拭きで、あそこはゴシゴシ拭き、あっちは一方向拭きといった使い分けはしなくてかまいません。拭く時は一方向拭き。この1択です。もちろん例外はありますが、それは落ちない汚れを落とす時など特殊なケースに限られます。

では、どうして一方向拭きがよいのでしょうか。

汚れを残さず、広げず、舞い上げずに取り除くことができるからです。他の方法で

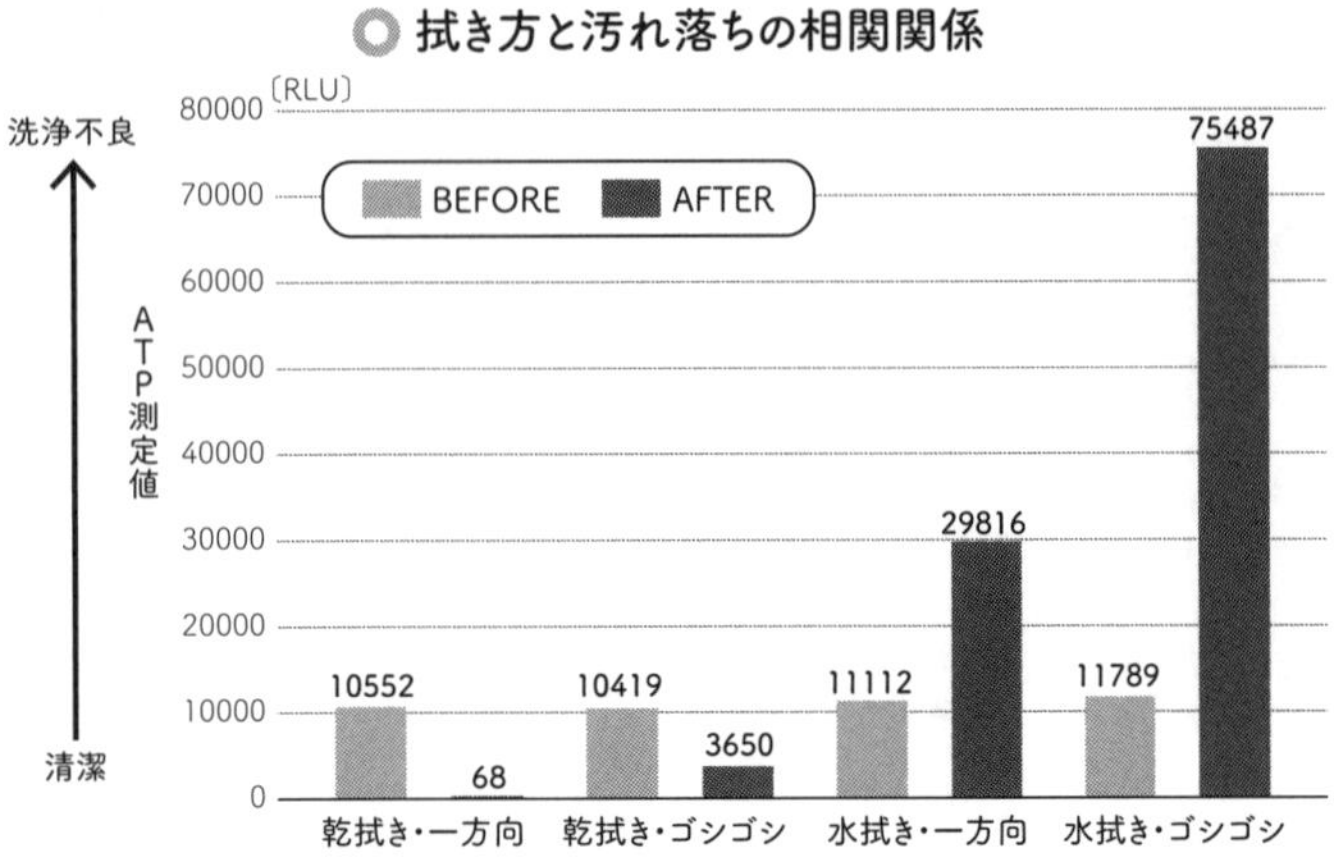

は、取りこぼしたり、広げてしまったり、舞い上げたりします。

実際に乾拭きと水拭きの汚れの落ち方を実験した結果が、上のグラフです。

使ったのは家の中で飛沫感染のリスクが高いダイニングテーブル。食品製造や医療の現場でよく使用される、ＡＴＰ測定法という生物由来の汚れを数値化する方法で検証を行いました。

水拭きの方が汚れが落ちると思っている人には驚きの結果であったかもしれません。

汚れたテーブルをいきなりゴシゴシ水拭きしたり、乾拭きせずにアルコールを吹き付けてするのも逆効果になります。

◎松本式のお掃除術はここが違う

さて、自己紹介が遅くなりました。松本忠男と申します。わたしはこれまで35年間、病院の清掃作業や衛生管理に携わってきました。

現在、現場で培ってきた「健康を守るためのお掃除」のノウハウを、医療、介護、清掃現場のみならず、飲食や接客業など幅広い業種の人たちに伝える仕事をしています。

わたしが教える「松本式お掃除術」は、一般的なお掃除とは大きく違う部分があります。

松本式お掃除術は、事実や科学的データなどの裏付け（エビデンス）に基づいた作業で組み立てられています。たとえば、どんな場所にどんな汚れが多いのかを事前に調べ、きれいな場所には時間をかけず、汚れた場所に力をかける「適在適掃」で作業の効率化や時短をはかります。

家でも病院でも、建物全体が同じように汚れるわけではありません。必ず汚れやすい場所とそうでない場所が存在します。ということは、すべてを同じようにお掃除する必要はなく、汚れやすい場所を中心に、そうでない場所はときどきやるぐらいでもよいということです。汚れやすい場所を集中的にお掃除してやることで、かかる時間や労力は減り、さらにうれしいことに汚れもたまりにくくなります。

この点から「清潔な状態にしておきたい」と思ってはいるけれど、「あまりお掃除が好きではない」「忙しくてお掃除にかける時間がない」といった人にピッタリのお掃除術といえます。

また、最初に取り上げた「拭き方」に代表されるように、お掃除ではそのやり方も大切です。間違った方法でお掃除を続けていると、お掃除の効果が半減するばかりか、お掃除によって健康を害してしまうリスクが高まります。

松本式お掃除術では、ホコリの舞い上がりや広がりを抑え、かつできるだけ汚れを取り除く方法でお掃除をしていきます。もちろんそれらは科学的な検証によって裏付けられたものです。

拭く時は、まず乾いたクロスやペーパーで一方向拭きする。これもそのひとつです。

これまでなんとなくやっていたお掃除を、エビデンスに基づいて見直してみる。

本書でお伝えしていくのはそんなお掃除法の数々です。

◎「拭く」で新型コロナウイルスからも家族を守る

ここでひとつ、誤解のないようお断りしておきます。「事実や科学的データに基づいたお掃除術」と聞くと、少々冷たい印象を持たれるかもしれません。しかし、わたしの目指すところは違います。事実や科学的データを重視しているからといって、汚れひとつない、完璧な衛生環境にすることを目指しているわけではありません。

わたしが目標としているのは、きれいの先を見据えた新しいお掃除のモデル。

「拭くことで、社会に福を招く。人を育てる。人に寄り添う」

大切な人の安心した笑顔を見据え、科学的データに基づいたお掃除術を世の中に広めること。そのことによって、たくさんの人が笑顔で健康に暮らせるようになること。

わたしはこれを「拭く」と「福」をかけて、「福育モデル」と呼んでいます。

お掃除をきっかけに、いまよりも暮らしやすく、楽しく、心地よい環境を作り出していく。それが大切な人の笑顔や健康につながっていくとわたしは考えています。

本来、家というものは、誰もがほっとできる場所、心を許してよい場所、もっといえば油断をしてもよい場所でした。ところが、近年、新型コロナウイルスの影響でそんなリラックスできる大切な場所の安心安全が脅かされています。家庭内での感染が増え、家の中でもマスクをつけ、会話は少なめ、食事は別々、そんな事態を余儀なくされるケースも見受けられるようになってきました。

そのような中、お掃除ができることは何でしょうか。

感染のリスクがもっとも高いのは飛沫によるものです。では、家庭内で飛沫が多く飛ぶ場所はどこでしょうか。家族が一堂に会する場所、リビングや食卓といった場所でしょう。だったら、そうした人の集まる場所の環境をお掃除によって整えていけばいい。

正しく拭くことで、汚れやウイルスをしっかりと取り除き、人の命や健康を守ることが大切です。だから、子どもから大人まで、社会に拭く文化を伝え、広げたい。大切な子どもたちの命を守るために、大手日用品メーカーのエステー株式会社と取り組みを進めている小学校での「福育授業」や株式会社保育のみらいと取り組んでいる保育園での「福育活動」もそのひとつです。

お掃除には、環境を整える力が秘められています。お掃除とは、ただきれいにするための作業ではありません。

◎正しく「拭く」が長生きにつながる

これまでのお掃除では、きれいにすることが重要視されていました。しかし、きれいを目的としたお掃除では、大切な人の命や健康を守ることはできません。

たとえば水拭きがそうです。水で拭くときれいになったような気がしますが、実は違います。汚れた場所をいきなり水拭きしてしまうと、かえって汚れを塗り広げてしまいます。小麦粉が撒かれたテーブルをイメージしてください。これをいきなり水拭きしたらどうなるでしょうか。テーブル全体に汚れが広がってしまいますね。

小さなホコリやウイルスや菌は目に見えませんが、いきなり水拭きをするということは、そういうこと。だからいきなりの水拭きはやってはいけないのです。

また、お掃除前の換気（窓開け）。これもやってはいけません。

お掃除をする前に窓を開けてしまうと、風でホコリが舞い上がったり、飛び散ったりしてしまうからです。舞い上がったホコリはなかなか床には落ちてきません。そのため取り残しが増えます。それだけだったらまだよいのですが、舞い上がったホコリを大量に吸い込んでしまうリスクも高まります。

部屋の換気はお掃除のあとに行う。これが大原則です。

ゴシゴシ拭けばきれいになる。必ずしも間違いではありませんが、多くの場合は、一方向拭きで十分です。

このように、これまで正しいと思われてきたお掃除法にはいくつもの間違いがあります。こうしたお掃除にまつわる間違いを改め、これからは「きれい」よりも「大切な人が笑顔で健康でいられる清潔な環境づくり」を目指したお掃除をしましょう。

そのために必要なことは、正しい拭き方を身につけることです。

お掃除に終わりはありません。きれいにしては汚れる。きれいにしては汚れる。ずっとこの繰り返しです。それでも限られた時間と労力の中で効率よく清潔な状態を保つことはできます。

そのためにぜひ、これからお話しする松本式お掃除術を取り入れてみてください。

正しく拭くことが、あなたとあなたの大切な人の命や健康を守ることにつながっていきます。

病院清掃35年のプロが教える　病気にならない掃除術　目次

第1章 お掃除があなたと家族の健康を守る

第2章 お掃除の常識を見直してみる

第3章 お掃除はもっと簡単でラクになる

第4章 人生で大切なことは掃除が教えてくれた

装丁　大岡喜直（next door design）
本文イラスト　鈴木みゆき
写真提供　株式会社プラナ
ＤＴＰ　美創
構成　津村匠

第1章

お掃除があなたと家族の健康を守る

あなたのお掃除法が家族の健康を脅かしている

危険な汚れの8割は見えていない

日々のお掃除が、あなたやあなたの家族の健康を脅かしているかもしれない。

これを聞いて、あなたはどう思われましたか。

「家族が健康で過ごせるようにお掃除をしているのに、そんなことがあるはずがないじゃないですか」

と、思われる方も多いでしょう。

確かに、家をきれいにすることは大事なことです。しかし、きれいにすることと健康を守ることはイコールではありません。

きれいにしようとするがために、健康を害する汚染物質を家の中に撒き散らしてしまっているとしたら。お掃除をすることで病気になりやすい環境を作り出してしまっているとしたら。

はっきりいいます。

きれいであることを最優先にする「美観重視のお掃除」では、家族の健康は守れません。

どうしてでしょうか。

汚れの8割は目に見えていないからです。肉眼で確認できる汚れは、全体の2割に過ぎません。

それにもかかわらず、美観重視のお掃除を続けていたらどうなるでしょうか。

美観重視では、きれい汚いが判断の基準になりますから、肉眼ではとらえられない汚れを見逃してしまいます。それだけではありません。お掃除によって汚れを拡散していることも珍しくはありません。

美観には、主観が入りやすいという問題もあります。同じ場所を見ても「すごくきれいですね」という人もいれば、「全然ダメだよね」という人もいます。つまり、美観重視ではどこまでやったらよいのか基準があいまいなのです。

体に悪い汚れほど肉眼ではとらえにくい

実は、人間の体によくない汚れほど目には見えないものです。

家の汚れの中で比較的大きいのがホコリ、いわゆるハウスダストです。それだって100マイクロメートルぐらい。1マイクロメートルが、1000分の1ミリですから、100マイクロメートルだと10分の1ミリの大きさです。

100マイクロメートルのホコリは肉眼で確認できます。だいたい80マイクロメートルぐらいから見えるようになりますが、それでも顔を近づけてやっと見えるか見えないかぐらいの大きさです。ましてや、普段は立ったり、椅子に座ったりなど、ホコリのある場所から距離をおいた生活をしていますから、比較的大きなホコリですら目には入ってきません。

また、100マイクロメートルのホコリでさえも、強い光を当てたり、見る角度を変えたりして、ようやく目に見える小ささです。

ウイルスやカビはさらに小さくなります。インフルエンザウイルスが約0・1マイクロメートル、カビの胞子が約5マイクロメートル、花粉が30マイクロメートルぐらいなので、これらはまず目には見えないといってよいでしょう。

でも、ホコリやカビは目に見えますよね。

確かに見えるものもあります。でもそれはたくさん集まっているからです。

カビの胞子は、単独では約5マイクロメートル、つまり1000分の5ミリぐらいですが、それが1000個集まると、直径5ミリぐらいに見えます。ということは、お風呂でぽつっと黒カビが見えたらそこには約1000個の胞子があることになります。

◎ このまま間違った掃除を続けていると病気になる

こうした、わたしたちの目に見えない汚れに対して、これまでのような美観重視のお掃除で大丈夫でしょうか。しっかりと汚染物質を取り除けるのでしょうか。

残念ながら、難しいといわざるを得ません。

掃いて、拭けばきれいになるのでは？

本当にそうでしょうか。

多くの人が小さい頃に教わったお掃除の効果を信じているようですが、科学的に判断して間違っていることがいくつもあります。

たとえば濡れぞうきんによる水拭き、お掃除前に窓を開けて換気をする、ほうきで床や畳を掃く。

これらはすべてやってはいけない間違ったお掃除法です。そのまま続けているとかえってホコリやカビなどを増やしてしまい、あなたやあなたの家族の健康を害する危険性があります。

健康とお掃除の関係性が認められるようになってきた

いまから4年ほど前、「病院でやってきた清掃のノウハウを家庭向けに」というテーマで出版したのが『健康になりたければ家の掃除を変えなさい』（扶桑社）です。それまでわたしは、家庭のお掃除について考えたことはありませんでした。病院以外の清掃（お掃除）に関心がなかったからです。

しかし、このお話をいただいて気づきました。目に見えない汚れを相手にしているのは病院も一般の家庭も同じ。だとしたら、これまで30年間かけて病院清掃で培ってきたお掃除のノウハウが家庭でも役に立つのではないだろうか。

そうして仕上がったのが前著です。

ところが世間の反応は冷たいものでした。

「健康とお掃除の関係性」を訴えても、最初のうちはテーマ自体がナンセンス、「この人、何をいっているのだろう」ぐらいの反応しか得られませんでした。

しかし、状況は大きく変わりました。

ようやくわたしの訴える「健康とお掃除の関係性」が広く受け入れられるようになってきたのです。しかも最近では、テレビに呼んでいただく機会も増えました。スギやヒノキの花粉、カビが発生しやすい梅雨、年末の大掃除、そしてこのコロナ禍、お掃除が注目される時期に何度も出演させていただいています。

それもこれも、日々のお掃除がわたしたちの健康を左右する大事な作業であることに多くの人が気づき始めたからでしょう。

では、美観に頼らない、あなたやあなたの家族の健康を守るお掃除とはどのようなものでしょうか。

一言で説明すると、「エビデンスに基づいたお掃除」です。「科学的」なんて何やら難しいことをやらなければいけないように思われるかもしれませんが、安心してください。いままでのお掃除のやり方を、これから紹介するお掃除法に変えてもらうだけです。

どれも誰にでもすぐにできることばかりです。

本当に体に悪いものは、目には見えない

家庭内の汚染物質（ホコリ、カビ、ウイルス、ダニ）が健康被害を引き起こす

一般家庭で見られる汚れは、ホコリ、カビ、ウイルス、ダニ

一般の家庭で見られる汚れにはどのようなものがあるのでしょう。

ホコリ、カビ、ウイルス、ダニなどです。これらの汚染物質がわたしたちの健康に害をもたらすことはご承知の通り。

ホコリには、布団や洋服の繊維、髪の毛、皮脂やフケ、ダニやカビ、ウイルス、細菌などが含まれており、リビングの床のホコリ1グラムの中には約260万もの菌が存在するといった研究結果が報告されています。

もし、毎日、それらを吸い続けていたら、わたしたちの体はどうなってしまうでしょう。

想像するだけでも恐ろしいことですが、お掃除をあまりしていなかったり、やっていても間違った方法で続けているとアレルギーをはじめとする病気を発症する危険が高まります。

最近、鼻がつまり気味、のどが痛む、喘息気味。もし、このような症状が見られるようでしたら、すぐにでもお掃除法を見直す必要があります。

汚れには、「のど痛病原体」と「腹痛病原体」が潜んでいる

わたしは家庭に潜む病原体には大きく「のど痛病原体」と「腹痛病原体」の2種類があるといつもいっています。

のど痛病原体は、のどや呼吸器系に不調をきたす病原体で、口や鼻から侵入し、のどを通って体の奥へと入り込みます。

病気のサインがいち早く現れるのがのど。原因として考えられるのは、ダニ、カビ、インフルエンザウイルス、ＰＭ２・５、花粉などです。

腹痛病原体は、主に胃腸系の不調を引き起こす病原体です。細菌の中にはわたしたちの免疫力が高い時には害がなく、免疫力が低下すると感染症を引き起こす「日和見

菌」と呼ばれる常在菌も存在します。

黄色ブドウ球菌、大腸菌、緑膿菌などがそれです。

体に害を与える病原ホコリ

ホコリには大きく2つの種類があります。

ひとつが、病原体の少ない新しいホコリです。これは空気中から部屋に落ちたばかりのホコリで、含まれる病原体も少なく基本的には無害です。

危険なのはもうひとつのホコリです。人やモノの動きによる気流で部屋の隅に移動して蓄積し、病原体が増殖した病原ホコリです。

お掃除でやるべきことは、できるだけ家の中のホコリの量を減らし、病原ホコリを増やさないこと。体に害を及ぼす危険の少ない常在菌と共存しながら、家族が健康でいられる衛生環境を整えること。この2つです。

家の中のすべての細菌やウイルスを100%取り去ることはできません。もしできたとしても、すべての菌を取り去った無菌状態は人が暮らしていくには不自然な世界です。

ホコリ、カビ、ウイルス、ダニが健康被害を引き起こす

人も菌もウイルスも共存して生きていける。

これが理想の生活です。

では、そのためにはどんなお掃除をしていけばよいのでしょうか。次にそのお手本となる病院内の清掃についてお話しします。

体に害を与えない環境づくりは医療現場に学ぶ

病原体を含んだ汚れを広げない、移動させない

みなさんは、病院内の清掃にどのようなイメージをお持ちでしょうか。

ひょっとしたら、モップを片手に次々と移動を繰り返しているだけの単純な仕事と思われているかもしれません。

でも、実際はそう簡単ではありません。

病院では、一般の家庭以上に見えない汚れと向き合っていかなければなりませんし、家庭よりもさらに高い衛生環境が求められます。

病院で患者さんの命と健康を守っているのは、何もお医者さんや看護師さんだけではありません。わたしたち清掃スタッフもお医者さんたちと共に患者さんの命と健康

を守り続けています。

では実際に、病院内ではどのような形で清掃作業が行われているのか、簡単に説明しましょう。

病院全体を清浄度によって区分けし、道具を使い分ける

病院内を清潔に保つために、まずゾーニングを行います。ゾーニングとは、病院内のさまざまなエリアを清浄度によって区分けすることです。

場所や設備によってエリア分けするのは、病原体を含んだ汚れを他のエリアに広げたり、移動させたりしないためです。

診察室や病室などの清潔を保たなければいけない場所、受付や事務所などの中間的な場所、トイレなどの汚染の強い場所を区分けし、清掃の方法はもちろん、その場所で使うお掃除道具が交ざらないようにカラーリングしていきます。

たとえば緑色のモップは診察室や病室、青色は手術室、赤色はトイレ専用といった具合です。また、使う順番によって番号を振ることもあります。

もし、トイレ専用のお掃除道具を診察室や病室に持ち込んでしまったらどうなるで

しょうか。トイレで付着した汚れを他の場所に広げてしまう恐れがあります。そのようなことがないよう、病院内をいくつかのゾーンに分け、道具を使い分けるのです。

一般の家庭ではゾーニングの必要はありません。せいぜいトイレとそれ以外の場所で使う道具を分けるぐらいでしょうか。

◎病院清掃で培ったノウハウは家庭のお掃除でも活きる

次に実際の清掃作業ですが、これは家庭のお掃除にそのまま取り入れることができると思います。

病院内での清掃は、家庭のお掃除と同じようにホコリを取り除く「除塵」が中心となります。清掃の手順は、場所ごとに細かく決められていて、通路や待合室では、次のような順番で除塵を行っていきます。

1、長椅子の下からモップをかけてホコリをかき出す。
2、通路はバックをしながらモップをかける。気流を起こさないように注意。
3、かき出されたホコリを一気に取り除く。

除塵の際には、できるだけホコリを舞い上げない、気流を起こさないことに細心の注意を払っています。中でも一番気をつけているのが患者さんのいる病室です。無人の病室でしたら、部屋の奥から手前に向かってモップをかけていけばよいのですが、患者さんがいる病室ではそうもいきません。

できるだけホコリが舞い上がらないよう、ベッドに向かってではなく、ベッドから離れる方向にモップをゆっくりとかけていきます。

ホコリは隅へ隅へと集まる性質があり、壁際やベッドのキャスター周り、点滴台の脚周り、収納付きテレビ台の下などにたまりやすくなっていますので、そうした場所を重点的にお掃除していきます。

こうした35年以上にもおよぶ病院清掃で培ったノウハウは、家庭でも役立ちます。ホコリ、細菌、ウイルスなど見えない汚れに対処する最良の方法は、医療現場でのやり方に学ぶこと。きっと最大の効果が得られることでしょう。

ホコリは舞い上げないように、細心の注意で取る。それが健康への第一歩

コロナ禍で急増中!? 多くの人の除菌は効果なし

除菌は汚染度を下げたあとにこそ有効な手段となる

このコロナ禍で除菌をする機会が一気に増えました。みなさんも1日に何度も手指や普段触れる場所の除菌を行っていることでしょう。

シュッシュと除菌をするとやった感は得られますが、実際にどれほどの効果があるのでしょうか。病院清掃を例に見ていくことにしましょう。

病院の清掃では、まず最初に洗浄を行います。洗浄とは、手洗いとか洗い流すという意味です。

実際には水を使えるところばかりではないので、正しく拭くとか、汚れや菌やウイルスの量を減らしてあげるという作業が最初に来るわけです。

汚れや菌などの汚染物質の量を減らしたら次が消毒・除菌です。

普段の生活で見られるような「いきなりの消毒・除菌」はありません。消毒・除菌の前に必ず汚染物質を集める行為があり、次に集めたものを回収して減らし、はじめて消毒・除菌を行います。

病院清掃においていきなり消毒・除菌剤をシュッシュはありえないわけです。

それにはきちんとした理由があります。


消毒・除菌剤は、殺したいウイルスや細菌にきちんと接触してはじめて効果があります。汚染物質の量を減らさない状態でただ全体にワーッと噴霧したからといってウイルスや細菌がすべていなくなるわけではありません。

「1万個のウイルスがありますよ」という状態でシュッシュとやるのと、「100個しかいませんよ」という状態でシュッシュとやるのとでは、100個の方が消毒・除菌の効果は大きくなります。

だからまず汚染物質は集めて量を減らしましょうとなるのです。で、減らした状態で消毒・除菌を行う。こちらの方が何倍も消毒・除菌の効果があります。だから、いきなり消毒・除菌はしないわけです。

これは家庭でも同じで、食卓を消毒・除菌する前に必ず乾拭きをして汚れを取り除き、その上で消毒・除菌剤を吹きかけたり、除菌シートで拭いたりするようにしてください。いきなり消毒・除菌をしてしまうと、消毒・除菌の効果が減るだけではなく、小麦粉を塗り広げるようにテーブル全体に汚れを広げることになってしまいます。

汚れが残っていると消毒剤が阻まれてしまう

理由はもうひとつあります。

ウイルスや細菌は単体で存在しているわけではなく、たいていは他の汚れと混在していて、ホコリと混ざり合っています。

そこにいきなり消毒・除菌をするとどうなるでしょう。

本当はウイルスだけをやっつけたいのに、他の汚れに消毒・除菌剤が阻まれ、きちんと

汚れが残っていると消毒剤が下まで届かない

当たってくれません。ところがみなさんそれを知らずに、いきなりシュシュシュシュとアルコールを吹き付けて一気にやってしまいます。これですと、スプレーの風圧でテーブルの上のウイルスを四方に拡散させてしまうリスクもあります。

「それって本当に効果あるのですか？」と聞かれたら、「まったくない」とはいえませんが、「効果的ですか？」と聞かれたらそれはもう間違いなく「ノー」となります。

エビデンスに基づいた正しいお掃除法を身につける

このようにある作業をひとつひとつ分解して考えてみると、それぞれの過程で何をしていいのか、何をしてはいけないのかが見えてきます。やってもいいことと悪いことがわかれば、どのように進めていくのが一番よいのかがわかります。

なんとなくワーッとお掃除して、ワーッと集めて汚れがなくなると、やった感は得られます。しかし、その途中にはいろいろな問題が残っています。

何も考えずにワーッと一気呵成《かせい》にやってしまえばよいというものではありません。そうしたことを何度もテストしたり、汚れを可視化したりしてきた中で、いまの病院の消毒・除菌の作業手順があります。

特にウイルスや菌などの目に見えないものに対しては、その作業によって「どれだけ量を減らすことができたか」が重要です。目に見えないものに関しては、見た目のきれい汚いというあいまいな概念は通用しません。

大事なのは見た目ではなく、どれだけ量を減らすことができたかということ。もしかすると、1000個あったものが999個減らせたかもしれません。そこまではいかなくとも700個ぐらいはいけているのかもしれません。

もちろん、目に見えないので、そのどちらになったかはわかりませんが、正しいお掃除の仕方を身につければ、その方法によって相当量減ってるんだろうなということは想像がつきます。

ウイルスや菌は単独では存在しない。多面的に見ないと効果のある消毒・除菌はできない

消毒よりも、やはり手洗い

むやみに消毒・除菌をして体に害はないのか

先ほど消毒・除菌の正しいやり方についてご説明しましたが、そもそも1日に何度も繰り返し消毒・除菌することに問題はないのでしょうか。わたしたちの体に悪い影響を及ぼすことはないのでしょうか。

結論からいいますといいわけがありません。

わたしたちが暮らす環境の中には、悪い菌やウイルスだけが存在しているわけではありません。常在菌といって人間を守ってくれる菌もたくさんいます。そうした菌は、わたしたちの皮膚や髪の毛や大腸などの内臓にも住んでいます。

それなのに、よい菌も悪い菌もすべてをひっくるめて消毒・除菌して殺してしまおうとする。よいわけがないでしょう。濃度50％以上のアルコールが含まれる抗菌剤を使うことで、薬剤量を減らす工夫も有効です。

常在菌まで殺してしまうと体の免疫力が下がってしまう

「99・99％除菌」という言葉を耳にしたことはありませんか。

消毒スプレーや除菌シートなどに見られる売り文句です。

でも、よく考えるとおかしくないですか。

悪い菌が、どこにどのぐらい存在して、どういう悪さをしているのかがわからない状態なのに、「菌が1個でも存在していたらそいつは悪いやつなんだからすべてやっつけてしまおう」としているのですから。

「99・99％除菌」とは、そんな誤った認識から生まれた言葉でしょう。そこには、菌の中には常在菌のように害のないどころか、わたしたちの体を守ってくれている菌もいるという事実が抜け落ちています。

これは、どう考えてもおかしいです。

本来、共存していかなければならない常在菌も含めてすべての菌をやっつけようとする。こうした行為が体によいわけがありません。すべての菌を殺してしまったら、免疫力が落ち、病気になりやすい体になってしまいます。

最近の子どもは、昔の子どもと比べて、免疫力が低いと聞きます。原因は過度な清潔志向。清潔すぎる生活を送っているがために、砂場で遊ぶだけで感染する、電車の吊り革に触るだけで感染する、そんな子どもが増えているようです。

99・99%除菌、全体の100は何を指す

そもそも「99・99%の全体100って何?」という疑問もあります。

新型コロナウイルスが100で、それを99・99%やっつけられるのだったらわかります。でも、消毒・除菌でやっつけられるのは新型コロナウイルスだけではありませんよね。おそらく100というのはすべての細菌やウイルスを指しているのでしょう。でも、すべてを数えられるわけではありません。そのうちのほとんど、つまり99・99%は殺せますよ、とうたっているのでしょう。

でも、ほとんどの菌は悪くないんです。100のうちのほとんどが、わたしたちが健康であるために必要なものなのです。

100のうちのほんのわずかな悪いやつを見つけて殺すために、人間にとって必要なものをすべて殺してしまってよいのでしょうか。

いいわけがありません。

でも、よい菌も悪い菌も目には見えない。だからすべてのものを殺してしまおう。「99・99％除菌」とはそういうことです。

例として、ふさわしくないかもしれませんが、1000人の中に1人殺人犯がいる。この時に1人の殺人犯のために残りの999人も逮捕するのかという話です。犯人だけを見つけて捕まえればいい話ですが、残念ながらできません。なぜなら目に見えないから。だから「99・99％除菌」する。そのようなことが普段の生活で何度も繰り返し行われていてもよいものでしょうか。新型コロナウイルスも同じです。必要以上の消毒・除菌を減らすためにも正しく拭くことで、汚れやウイルスを感染しない程度まで、量を減らすことが大切です。

◯ 手洗いで病原性のあるものはほぼ取り除ける

では、どうしたらよいでしょうか。

手洗いができる時は手指消毒は行わないことです。石けんを使って丁寧に洗い流してください。汚れの量が確実に減ります。

そもそも汚れているところにシュッシュとアルコールを噴霧しても、汚れと混ざってしまい、効果が薄くなってしまいます。それは前の項目でお話しした通り。消毒・除菌は、あくまでも汚れの量を減らしたあとの仕上げです。

手洗い場が近くにあればまず手洗いをしてください。それでも心配な人は、アルコールで消毒・除菌をしましょう。消毒・除菌は、念には念を入れるために行う。本来はそういうものなのです。やりすぎてはいけません。

「殺す」ことよりも「減らす」ことを優先する

汚染物質は、殺すことよりも、減らしていくことの方が大切です。

ホコリであればたまらないようにする。

カビであれば増やさないようにする。

完全になくすのではなく、量を減らすことを考える。0か100かの2択ではなく、その間の低い値を維持するようにする。

そんなあいまいでふんわりしたところでよいと思います。

やりすぎもいけませんし、やらなすぎてもいけません。

普段、何気なくやっている行為にどのような意味があるのか、これを機会に考えてみるのもよいかもしれません。

体に悪いものは、ほぼ手洗いで取り除ける。消毒・除菌のしすぎはかえって体に悪い

どんなに換気をしても、汚い部屋では空気は新鮮にならない

ナイチンゲールがすべての女性に向けて記した看護師のバイブル

わたしにとってお掃除とは「そこで生活する人が、楽しく、快適に、ずっと健康でいられるよう、環境を整備すること」です。

わたしに「環境整備」の大切さを教えてくれたのは、フローレンス・ナイチンゲール。みなさんも彼女のことはご存知でしょう。「クリミアの天使」「近代看護の母」などと称される世界的な偉人です。

ナイチンゲールが書いた本に『看護覚え書』があります。

『看護覚え書』は、ほとんどの看護師さんが一度は目を通すといわれる「看護師のバイブル」として知られていますが、その内容は看護師を含むすべての女性（現在は、

すべての人、と言い換えられるでしょうか）に向けたものです。「はじめに」には次のような一文があります。

「この覚え書は、（中略）他人《ひと》の健康について直接責任を負っている女性たちに、考え方のヒントを与えたいという、ただそれだけの目的で書かれたものである」

『看護覚え書』には、当時の最新の科学的知見に基づいた「家庭を健康に保つための考え方やヒント」が記されています。

ナイチンゲールの言葉がわたしに自信をくれた

わたしが『看護覚え書』に出会ったのは、病院の清掃を始めてまだ間もない頃です。そこにはわたしが清掃の現場で漠然と感じていた「環境整備」の大切さがわかりやすく丁寧に書かれていました。

中でも特に印象に残った部分をいくつか紹介しましょう。

「看護とは、新鮮な空気、陽光、暖かさ、清潔さ、静かさなどを適切に整え、これらを活かして用いること、また食事内容を適切に選択し適切に与えること――こういったことのすべてを、患者の生命力の消耗を最小にするように整えること、を意味すべきである」

「良い看護が行なわれているかどうかを判定するための規準としてまず第一にあげられること、（中略）それは《患者が呼吸する空気を、患者の身体《からだ》を冷やすことなく、屋外の空気と同じ清浄さに保つこと》なのである」

「どんなに換気に努めてみても、清掃の行き届いていない部屋や病棟では、空気を新鮮にすることはできない」

いかがでしたか。お掃除だけでなく、料理や洗濯など、現代の家事にも十分に通用する、いやどれだけ時間が経っても変わらない、「家族の健康を保つための普遍的な考え」といってよいのではないでしょうか。

わたしはこの本に出会い、自分の清掃に対する考えに自信が持てました。彼女とは生きる時代も背景も立場も違いますが、考え方や基本的な姿勢にはかなり近いものを感じました。わたしは、彼女が考え実践してきたことを、より科学的に可視化して、清掃業務に採り入れられているものと自負しています。

風のように整えて、風のように消えていく

「環境整備」なんて言葉を使うと、なんだか堅苦しい印象ですが、要は生活していく中で出たものを、その場に滞らせることなく、外に出してあげる、ということです。ナイチンゲールが『看護覚え書』の中でも繰り返しその重要性を訴えている「部屋の換気」もそうですし、部屋のお掃除、ゴミ捨て、洗濯、温度管理などがそこには含まれます。

病院清掃の仕事が、看護の仕事と違うのは、直接患者さんに触れることなく、それこそ「風のように環境を整えて、風のように消えていく」存在であること。いないと困るけれども、いることにはなかなか気づいてもらえない、そんなフワッとした存在だと思うのです。

だからでしょう。達成感や充実感は正直いって薄い。お医者さんや看護師さんのように「病気が治りました。ありがとうございます」と直接お礼をいってもらう機会も

あまりありません。

だからといって、お掃除という仕事には価値がないかというとそんなことはありません。病院の清掃も家のお掃除も、そこで暮らしている人が健康でいるためには絶対に欠かせない仕事です。

そのことはナイチンゲールが『看護覚え書』に書き記した通りです。

繰り返しになりますが、病院で患者さんの命と健康を守っているのは、何もお医者さんや看護師さんだけではありません。わたしたち清掃スタッフもお医者さんたちと共に患者さんの命と健康を守る役目を担っています。

同じように家のお掃除を担っているあなたは「家族の命と健康を守る」という大切な役割を果たしているのです。

そのことに大いに自信を持ってほしいとわたしは願っています。


家のお掃除を担っているあなたは「家族の命と健康を守る」という大切な役割を果たしている

間違った換気はかえって体によくない

窓を開けても、ホコリは外に出ていかない

部屋の換気は、新型コロナの感染対策としてだけではなく、環境整備の面からも欠かせません。それはナイチンゲールの時代から変わらず、『看護覚え書』にも感染予防策のひとつとして換気の重要性が説かれています。

ナイチンゲールが説く「換気の原則」は次の通りです。

「空気は常に屋外から、しかも最も新鮮な空気の入る窓を通して、採り入れる」

「窓は、その下部でなく上部を開けること。（中略）病棟や病室の空気の採り入れ口として最も悪いのは、床の高さあるいは床に近い高さのものである」

「病人が、開いたドアと窓の間を吹き抜ける風に、直にさらされるようなことのないように気を配る」

このように換気ひとつとってても正しい方法で行わないと効果は半減します。それどころか、かえって体に害を与えてしまうことさえあります。

たとえば「ホコリっぽい部屋だね。窓を開けて部屋の空気を入れ換えましょう」といった経験はないでしょうか。

窓を開け、部屋の中に風を通すことで、室内に舞っていたホコリがすべて外に出ていってしまう。そんなイメージをお持ちかもしれませんが、そんなうまい具合にホコリは出ていってくれません。空中に舞っているものはある程度出ていきますが、床や壁などにたまっているホコリはそのままです。そうしたホコリはお掃除で取り除いてやる必要があります。

掃除前に換気をすると部屋中がホコリやカビだらけになる

家の中に風を流すことは、環境整備に欠かせないことです。これは間違いありません。しかし、ホコリがいっぱいの部屋で風を通すとどのようなことが起こるか、想像してみてください。

たまっていたホコリがいろいろな場所へ飛び散ります。

掃除されていない部屋でいきなり換気をするということは、それと同じことをしているわけです。風を通すことで、部屋のあちこちにたまったホコリやカビをいたるところに撒き散らしてしまっているのです。

突然ですが、ここで質問です。

あなたは窓を開けてから掃除をしますか。それとも掃除中は窓は閉め切ったままにし、掃除がすんだあとで窓を開けて換気をしますか。

どちらでしょうか。

正解は、「掃除のあとに窓を開けて換気する」です。

理由は、先ほどの「ホコリっぽい部屋に風を通す」と同じ。部屋にたまったホコリを撒き散らさないために、掃除が終わるまで風を通してはいけない、換気をしてはいけないのです。

これがお掃除の大原則です。

換気の時は、風の入口と出口を作ってあげる

換気をする時は、２か所以上の窓を開けましょう。

風の入口と出口を作ってあげるのです。

入口側は狭く、出口側は広めに開けてやるのがポイントです。

入口が狭ければ狭いほど風がビューッと部屋の中に入り込み、出口は広ければ広いほどバーッと出ていくようになります。

入口側にレースのカーテンがあるようでしたら閉めてもかまいません。花粉などの異物がカーテンにくっついて、部屋に入り込むのを防いでくれます。ただし、換気によって付着した花粉などを後日改めて取り除いてやるのをお忘れなく。

それに対して、出口側のカーテンは全開にします。出口を塞いでしまうと空気の流れが悪くなるからです。

なお、換気をする時は、出口側にいないようにしましょう。風下はホコリなどの汚染物質が出ていく場所ですので害こそあれ、いいことはありません。

空気清浄機があっても換気は必要になる

「うちは空気清浄機があるので換気は必要ないでしょうか？」

このような疑問をお持ちの方もいらっしゃるでしょう。

残念ながら、答えはノーです。

空気清浄機は、その名の通りに「空気をきれいにするため」の装置で、お部屋の空気を入れ換えるものではありません。あくまでも部屋の中の空気の一部を清浄化しているだけで、外気と入れ換えているわけではないのです。

ですから、お部屋に空気清浄機があっても窓開けによる換気は必須。

エアコンも同じです。エアコンは一部の機種を除き部屋の中の空気を冷やしたり暖めたりしているだけで、外気を取り込んで入れ換えているわけではないからです。

はたして空気まで消毒する必要があるのか

このコロナ禍で「空間除菌」を売りにした装置が注目を集めています。これは、除菌に用いられる薬剤などを使って空間（空気）を除菌する装置ですが、はたして一般の家庭でそこまでやる必要があるかどうか、わたしは疑問です。

消毒剤や除菌剤を、ウイルスなどの病原性微生物がそうたくさんあるわけではない家庭で日常的に使う。しかも、空間を除菌するということは、薬剤を空気中に噴霧しているのと同じ状態です。

わたしには、空気中に薬剤を噴霧する理由がわかりません。空間内のすべてのウイルスや菌を殺すということは、無菌状態にするということ。人は無菌状態の中で暮らし続けると、かえって抵抗力を失い、弱くなってしまいます。

新型コロナが心配なのはわかりますが、そこまで危険を冒さずとも、定期的に部屋の空気を入れ換えれば大丈夫。

しゃべって飛沫が飛びました。ウイルスが飛びました。だったら、しかるべき場所を除菌して、空気を入れ換えてやればいいのです。

掃除をしている時は窓を開けない、を徹底する

家には絶対にいてはいけない場所がある

汚染物質はエアコンの真下に集まる

家の中には、いてはいけない場所があります。

先ほど換気のところで「お部屋の空気の流れには入口があって出口がある」という話をしましたが、それと深い関係があります。

たとえば、エアコンの真下。エアコンはいったん部屋の空気を吸って、冷やすか暖めるかをして吐き出します。問題は空気を吸う時、つまり風下にあたる部分。エアコンが吸って吐いて空気の流れを作っているわけですが、その流れに乗って部屋の中のホコリが寄ってきます。すべてが吸われてフィルターを経由してくれればよいのですが、比較的重いホコリは吸い込み切れずに下へ下へと落ちていきます。

エアコンの真下はホコリがたまりやすい

このためエアコンの真下（空気の入口）は、他の場所に比べてホコリが多くたまります。ホコリが多いということは、ウイルスにしろ、カビにしろ、部屋の中の有害な物質が集まっているということ。エアコンの真下や近くにはソファーを置いたり、ベッドを置いたりしてはいけません。

病院でも、エアコンの真下には医療器具や医療材料などを置かないようにしています。エアコンによって集められたホコリなどによって汚染されるからです。

空気清浄機についても同じことがいえます。空気清浄機も部屋の空気を吸って集めて、フィルタリングして、吐き出しているわけですから、風の通り道は汚染物質が集まりやすいといえます。

窓際や壁際にベッドを置いてはいけない

もうひとつ気をつけたいのがベッドです。

みなさんの中にベッドを窓際や壁際にピッタリと寄せて置いている方はいらっしゃいませんか。もしそうでしたらすぐに配置を変えてください。

窓（壁）際は、冷えたり暖まったり1日の中でも温度変化の大きい場所です。そのため上下の気流が発生します。特に冬場はコールドドラフト現象といって、室内の暖かい空気が冷たい窓ガラスに当たって急激に冷やされて下向きの風が走ります。

冬場の朝など、窓際にいると風がピューー、ピューーピューーと聞こえることがありますが、あれがそうです。窓の隙間から風が吹き込んでいるわけではありません。窓の近くで気流が発生しているために聞こえてくる音です。

コールドドラフト現象が起こると、室内のホコリやカビが気流に乗って窓際へ窓際へと移動してきます。しかも、そうしたホコリやカビはベッドに当たってその場にとどまります。つまり窓際に置いたベッド（出口にあたる）は、部屋の中でも汚染物質がたまりやすい場所なのです。
これは簡単に解決できます。ベッドを窓や壁から5センチから10センチほど離してやればよいのです。ベッドを窓や壁から離すことで、窓際、ベッドの下、床の順に空気が流れるようになります。

エアコンの真下はホコリがたくさん降ってくる。居続けないようにしましょう

ホコリがたまりやすい部屋、たまりにくい部屋

モノが多いほどホコリはたまりやすくなる

モノが何もない部屋とモノであふれかえっている部屋。どちらがホコリがたまりにくいでしょうか。もちろんモノが何もない部屋ですね。

お掃除をするにしても、モノがなければあっという間に終わります。逆にモノが多い部屋は、ひとつひとつのモノにホコリが付着したり、お掃除のためにいちいちモノを移動したりしなければならないなど、手間も時間もかかります。

ホコリがたまりにくく、お掃除がしやすい部屋にするには、まずモノの数を減らすことです。これを機会に断捨離にチャレンジするのもよいでしょう。

とにかくモノの表面積を減らせば掃除の負担が減る

モノの数を減らすと同時にモノの表面積を減らすよう工夫してみましょう。なるべく小物類は置かない、ケースなどに入れてひとつにまとめておく、使わない時は戸棚の中に片付ける、などです。

表面積が多いということは、ホコリなどが付着する面積が広いということです。たとえば化粧品のボトルが10本置かれていたら10本分の表面積が汚れます。

では、すべてのボトルを1個のケースに収納したらどうでしょう。これでしたら全体の表面積は減りますし、汚れてもケースの表面をひと拭きするだけですみますから、ボトルを1本1本掃除するよりはるかにラクです。

電化製品の電源コードも、そのままにしていたらそれぞれのコードにホコリが付着します。これなどまさに「ホコリに付いてください」といって置いてあるようなもの。化粧品ボトルと同様にひとつにまとめておくとよいでしょう。

たとえばダンボールをくりぬいてその中にコードを収納しておく。これなら表面に見えるのはダンボールだけですし、汚れもひと拭きで取れます。

また、化粧品のボトルなら上からタオルをかぶせておくのも一案です。

ポイントは、いかにモノの表面積を減らすかです。表面積が増えれば増えるほど、細かいモノがあればあるほど、お掃除はたいへんになります。

モノが汚れを引き寄せている

正しくお掃除をしながら、同時にこうした工夫をしていく。でないと、なかなかお掃除はラクにはなりません。汚れるのが当たり前の状態にしておいて、「たいへんだ、たいへんだ」と叫んでもいっこうに改善はされません。

ホコリがたまらないよう、お掃除がラクになるよう、モノを整理しましょう。

モノがなければ汚れようがありません。モノが汚れを引き寄せています。

モノが捨てられない、整理ができないという人は、自分でお掃除をする場所を増やしてしまっている。そのことを知っておいてください。

モノが多い部屋はホコリを引き寄せる。表面積を減らそう

お掃除ロボットだけでは、十分ではない

どんな商品にもよいところと悪いところがある

お掃除では、いくつもの道具を使うことになりますが、それぞれにメリットとデメリットがあることを知っておいてください。

これがあればすべて完璧といった万能な道具はありません。

たとえばお掃除ロボットがあります。

これ1台あれば留守中に家の隅から隅まできれいにしてくれる。

そんなイメージをお持ちの方がいらっしゃるかもしれませんが、率直にいって期待しすぎでしょう。

何もメーカーさんやその製品を否定しようというわけではありません。道具には得

意な部分と不得意な部分があるということです。

そこには大人の事情も関係しています。

テレビCMや雑誌の広告では、限られた時間や誌面の中で商品のよいところを伝えていかなければなりません。となれば、よいところだけをピンポイントで取り上げていくのも仕方のないことでしょう。

お掃除道具に限らず、何に関してもピンポイントで説明せざるを得ないのが、いまの世の中なのでしょう。正しい情報を、いち早く、的確に伝えることが求められています。すると、どうしても特定の部分に情報が偏ってしまいます。これも時代の流れ、わたしたち消費者は、そうした状況を踏まえて、道具を選び、使っていく必要があると思います。

お掃除ロボットと人で役割を分担する

さて、先ほど取り上げたお掃除ロボットですが、そのメリットとデメリットはどのようなものでしょうか。みなさんも一緒に考えてみてください。

まず、メリットですが、お掃除ロボットは大きなホコリを集めるのが得意です。また、お掃除の時にあまり風が起こらないのもメリットですね。小さな動きでスーッスーッと繰り返し何度も何度も移動してホコリを拾い集めてくれます。

では、デメリットはどうでしょう。部屋の隅やモノとモノの隙間など、どうしてもロボットでは掃除しきれない場所があります。

こうした苦手な部分はどうしたらいいでしょうか。

簡単です。わたしたち人間がフォローしていけばよいのです。

モップでも、後ほど紹介するスクイージー（水切りワイパー）でもかまいません。お掃除ロボットではやりきれない部分はわたしたちがピンポイントで補っていきます。

メリットとデメリットを理解して使い分ける

結局は使い分けです。これさえあれば完璧、ほかのものは必要ない、すべて完結、といったことはまずないと思ってください。

普通の掃除機にしても、1台ですべて事足りるわけではありません。フローリングのお掃除なら掃除機よりもフローリングワイパーの方が向いていますし、壁などに付着したホコリには化繊はたきが有効です。

大事なのは、メリットとデメリットを正しく理解して使い分けていくこと。そのためにはよい部分だけではなく、悪い部分も把握しておきましょう。両面を知ることでその商品の優れた部分を活かせるようになります。

近代化され便利になったモノにもデメリットがある。そのことをしっかり知っておく

100円ショップで買える○○が、科学的にも最強なお掃除アイテム

松本式スクイージーならいろいろな場所で使えてすごく取れる

スクイージーは、お掃除に欠かせないアイテムです。ハサミを使ってちょこちょこっと改造してやるだけでびっくりするほどホコリが取れます。これまでに幾度となく本やテレビで紹介させていただいたので、すでにご存知の方もいらっしゃるかもしれません。存在は知ってはいたが、実際には試していない。

そのような方は、ぜひ、この機会に松本式スクイージーのスゴさを体験してみてください。一度使ったら

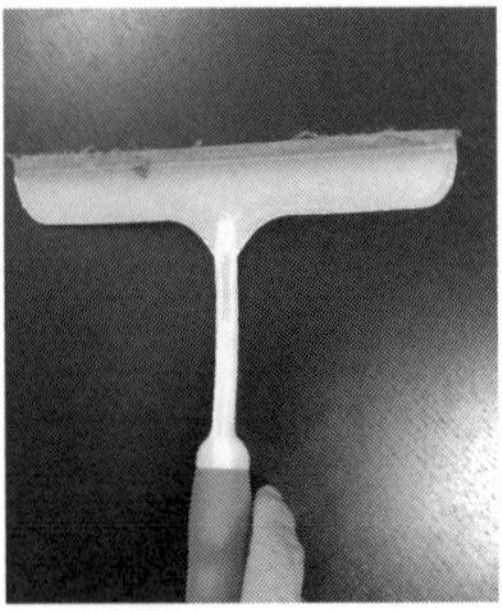

ひと拭きでホコリがごっそり取れる

手放せなくなります。

用意するのは100円ショップで売っているスクイージーとハサミだけ。作り方も簡単です。自分でいうのもなんですが、松本式スクイージーは画期的なお掃除道具です。フローリング、キッチン、トイレなど……いろいろな場所で使えて、ホコリがすごく取れます。

◎ いくつか用意しておけば使いたい時にさっと使える

わたしの家では、玄関、廊下、キッチン、洗面所、トイレ、リビングの合計6か所に7本のスクイージーを常備しています。リビングには、フローリング用のほかに、テレビ用があります。

スクイージーは、いつでも使えるように壁などにぶら下げてあります。

なぜ、これほどの数を用意しているかというと、その場にあれば思い立った時にシュッとやるだけでお掃除がすむからです。

お掃除を面倒にしている理由のひとつに準備や後片付けがあります。汚れに気がついても、その場に道具がないと、「あとでやればいいか」となりがちです。それを避けるためにすぐに手が届く場所に置いてあるのです。

場所場所に吊るしておけば、使いたい時にさっと使えます。しかも、スクイージーならお掃除っていうよりも手に取って汚れた部分をこするだけ。テーブルをクロスで拭くぐらいの感覚で使用できます。

使ったあとのお手入れも簡単。大きな汚れはティッシュやトイレットペーパーなどで取り除き、水洗いをして干しておくだけです。

スクイージーで家の汚れを可視化する

複数本のスクイージーを常備しているもうひとつの理由は（これは完全にわたしの個人的な趣味なのですが）、場所ごとの汚れ具合を確認するためです。

家の中でも場所によって汚れ方が違います。それがスクイージーを使うことによって可視化できます。

たとえばスクイージーでフローリングをこすると、見えないホコリが塊になって取れます。見た目はきれいな場所であってもごっそりと取れることがよくあります。前に話したように、汚れの8割は見えていないので当然といえば当然です。

これをそれぞれの場所で行うと、「洗面所の床は、昨日スクイージーをかけて、また今日もかけた。だから、あまり汚れていない。ああ、洗面所はそれほど汚れないいんだ」や「トイレは毎日やってもこれだけホコリが付くのか。比較的汚れやすい場所なんだな」といった（汚れ具合の）エビデンスが得られます。

エビデンスが得られれば、場所によってお掃除の頻度を変えることができます。あまり汚れない場所は1週間に1回でいい、でも頻繁に汚れるところは2日に1回ぐらいやっておこうとお掃除の目安がつきます。

家の中は、一律に汚れることはありません。必ず場所によって違います。スクイージーを使うことでその違いを知ることができるのです。

◎作るのも簡単。ゴムの部分に5ミリ間隔で切り込みを入れるだけ

松本式スクイージーのよいところは誰でも簡単に使えること。力もいりません。ちょっとこするだけでホコリが簡単に取り除けます。

しかも、平らな場所ならどこでもＯＫ。フローリングやキッチン、トイレの床はもちろん、机、棚、液晶テレビの画面、階段など、いろいろな場所で重宝します。

作り方も簡単です。ハサミを使ってヘッドの先端にあるゴムや樹脂の部分に切り込みを入れていきます。間隔は5ミリ程度。ゴムなどの真ん中ぐらいまで切り込みを入れてください。5ミリ幅の毛先を持ったゴム製ブラシを作るイメージです。

間隔は多少広くなったり、狭くなったりしても問題ありません。ただし、あまり広すぎると切り込みにホコリが刺さってくれません。ひとつひとつのツメがベロンベロンになってしまうからです。逆に狭すぎると今度は接触面との抵抗が大きすぎて動かすのがたいへんです。

5ミリ間隔で切り込みを入れていく

きっと「こんなにホコリが取れるの！」と驚くはず

スクイージーはもともと窓掃除に使用する道具で、接触面との間に水があってはじめて動かせます。そのため、そのままの状態でお掃除に使おうとすると、うまく動いてくれません。最初、切り込みを入れないで試してみたのですが、床にピッタリとくっついて滑ってくれませんでした。そこでハサミで切り込みを入れて何度か試してみた結果、5ミリ間隔で切り込みを入れるのが一番とわかったのです。

はじめてうまくいった時は「わおー」と声を出して歓喜しました。「うわっ、ホコリが刺さった」と驚き、同時に「こんなに取れるのか！」と感動さえしました。ここまでの成果は考えていなかったからです。自分で作っておいてなんですが、スクイージーのスゴさにびっくりしたのです。

ぜひ、みなさんにもわたしと同じ驚きと感動を味わっていただきたい。

これは絶対です。すごくいいです。たったひとこすりでたくさん取れます。

騙されたと思ってぜひ一度、松本式スクイージーを試してみてください。

家の中は一律には汚れません。スクイージーで汚れ具合を調べてみましょう

みんなお掃除を難しく考えすぎている

偉そうなことをいっても「掃いたり、拭いたり、吸っている」だけ

みなさんが思い描く、お掃除のイメージってどんなものでしょう。

面倒くさい。たいへん。きっちりやるのは難しい。

お掃除って考えると、そうした嫌な部分ばかりが思い浮かぶかもしれません。

しかも、自分の時間を使って、労力を使って、疲れるのに、ほめられることは少ないし、やった結果が意外とあいまいだったりする。

何よりお掃除に終わりはない。やってもやっても汚れる。その繰り返し。

確かに、そうした一面はあります。否定はできません。

でも、そうしたお掃除の嫌な部分ばかりが目に入ってくる人は、お掃除を難しく考

えすぎているのかもしれません。

お掃除なんて、どんなに偉そうなことをいっても、結局のところは、「掃いたり、拭いたり、吸ったりする」だけ。家の中を掃いたり、拭いたり、吸ったりして、いらないモノを取り除く、量を減らす。ただそれだけのこと。

しかも、正しいやり方で行えば、手間も時間もぐっと減らすことができます。お掃除は面倒だ、たいへんだと思っている方は、正しい方法を知らなかったり、身につけていなかったりするがために、嫌な部分にばかり目がいってしまっているのかもしれません。

◎家のお掃除は、ほぼ「拭く」作業になる

では、家のお掃除ではどのようなことを行っているのか見てみましょう。

現場に立って最初にやるべきことは、どんな方法でお掃除をするか選ぶこと。選択肢は「掃く、拭く、吸う」の3つ。

このうちのどれを使ったら一番ラクに効率的にお掃除ができるかを考えます。

まず「掃く」ですが、すでにほうきの時代ではありませんので、除外してかまいま

せん。となると、残りは「拭く」か「吸う」の2択です。

「吸う」は、ほぼ掃除機に限定されるので、最後に残ったのは「拭く」です。

そうです。家庭のお掃除はほぼ「拭く」作業になるのです。

で、その「拭く」ですが、水拭きと乾拭きがありますが、何か液体をこぼしたり、ひどい汚れでない限りは、乾拭き1択で大丈夫です。

で、拭き方はというと「一方向」拭きのみ（理由はこのあと説明します）。

これでもうわかりましたね。

家のお掃除のほとんどは「一方向の乾拭き」ですんでしまうのです。

なぜ、それだけですんでしまうのか次に説明します。

ほとんどが「一方向」の「乾拭き」ですんでしまう

家の中の汚れで一番多いのはホコリです。

では、ホコリって普通どんな状態ですか。だいたいが乾いていますね。乾いてフワフワしているから、少しの風でも舞い上がってしまう。

そんなイメージですね。

目には見えない大きさの小さくフワフワしたものが集まっている。

そのようなところに、いきなり水をかけたらどうなるでしょうか。

ビチャビチャになってしまいますね。

乾いているところにいきなり洗剤やアルコールをかける理由はなんでしょうか。

特にありません。

だから、まずは乾拭きなんです。

洗剤やアルコールを使うのは、乾拭きでは落とせない汚れがあった時だけ。


次に拭き方です。

拭き方としては、一方向に拭く、ゴシゴシと往復させる、ぐるぐると回して拭くなどが考えられますが、正解はひとつ。

一方向に拭くです。

衛生面を重視した場合、たまたまここは一方向拭きだけど、そこはぐるぐる拭きで、あそこはゴシゴシ拭きがいい、といったことはまずありません。

お掃除って思っている以上に簡単です

まとめるとこうなります。
お掃除は、基本、乾拭き。
拭く時は一方向。

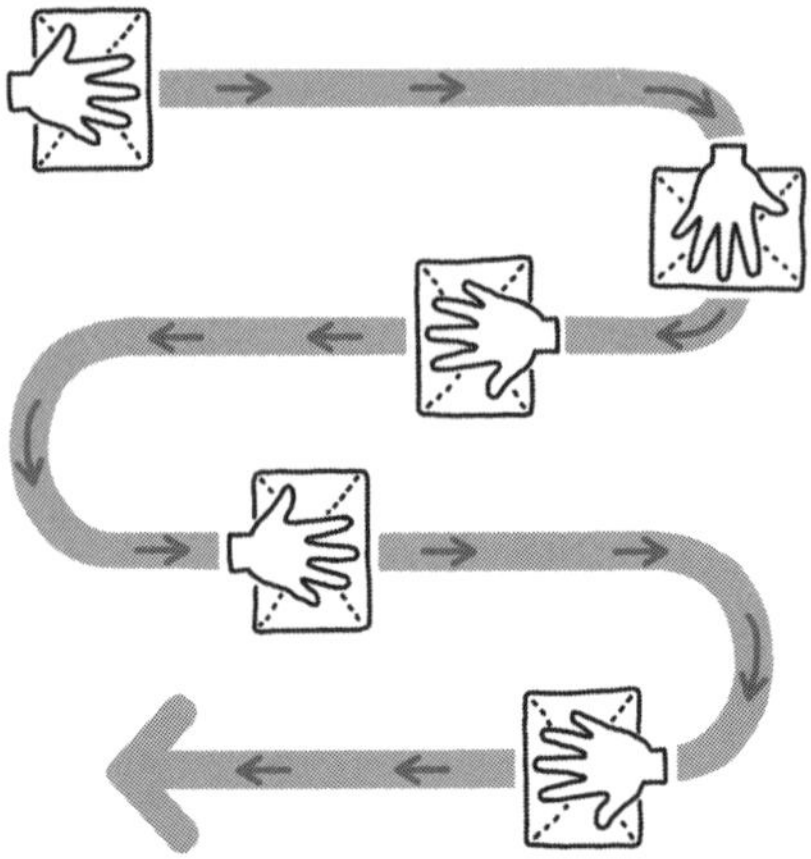

一方向拭きの方法

ぐるぐる拭きとゴシゴシ拭きは汚れを広げてしまうのでNG

面倒なものも小さくかみ砕いていくと、本質がわかってラクになる

家のお掃除の大半がこれだけですんでしまいます。

みなさん、お掃除を難しく考えすぎているのです。

お掃除というテーマを大きくとらえすぎているのです。

お掃除って本当は何をしているのって考えたら、ほとんど拭いてるだけじゃんってなるはずです。

だからお掃除って案外と簡単なんです。

1回の満点よりも、毎日10点を取り続けることを目指す

やりすぎても、やらなすぎてもいけない。その真ん中ぐらいがちょうどいい

はじめにいっておきます。

お掃除ってほどほどにしかできないものなんです。

「99・99%除菌」ではないですけど、何かを見つけて殺しているわけではありませんし、一から何かを作ろうとするわけでもありません。

お掃除には殺したり作ったりする力はありませんが、汚れがたくさんある場所を見つけて減らす力はあります。

要はお掃除ってあいまいな作業なんです。

ところが、すべてを完璧にお掃除しなければ気がすまないという方がいらっしゃいます。顕著な例が年末の大掃除ではないでしょうか。

普段、掃除していないところをきっちり完璧にしようと一生懸命頑張る。大掃除のように「たまに」だったらいいのですが、普段のお掃除で満点を目指すのはおすすめできません。負担が増してお掃除が嫌になってしまいます。

お掃除はやりすぎても、やらなすぎてもいけない。その中間ぐらいがちょうどいい。もっといえば、気づいた時や空いた時間にちょこちょこっとやっていけばそれでいいのではないかと思っています。

もちろん、それだけでは足りない部分も出てくるので、そうしたお掃除が行き届いていない場所だけ、ときどき時間をかけて丁寧に掃除するとよいでしょう。

10点でも20点でもいいから連続して取り続ける

お掃除って面倒くさいな。でも、やらなきゃいけないよな。

いまは忙しいから、やっぱり休みの日にまとめてしようかな。

このようにお掃除をやらない理由はたくさんあります。

当たり前ですよね。お掃除を仕事にしているわたしでさえ、できるだけお掃除はしないようにしたいと思っているぐらいですから。

でも、そうやって先送りし続けると、「お掃除ゼロ」の日がいっぱいできてしまいます。すると家の中がさらに汚れてもっとやりたくなくなります。

これではいつまで経っても悪循環から抜け出せません。

お掃除をする上で大事なことは、できるだけ0点を減らしていくことです。嫌だなーと思う時も、どこかをちょこっとお掃除して、毎日10点でも20点でもいいからお掃除ポイントを稼ぐことです。

ピンポイントのお掃除でどのぐらいの効果が見込めるのかといえば、それぞれは「20点ですよ」「30点ですよ」といった低い点数かもしれません。

でも、それが1週間、1か月と長い目で見たらどうでしょう。総合的に判断したら「70点ぐらいはいくよね」となりませんか。

「ここを完璧に掃除して100点を取るんだ!」もいいですけど、結局何もやらずに終わってしまったら0点です。ならば10点でも20点でもいいから連続して取り続けること。それが大事だと思っています。

もちろん患者さんのいる病院で通用する話かというとそれはまた別の問題があるのですが、過度の負担や精神的なストレスを持つことなく、楽しく生活していく中で0点を減らしていくこと。それが最終的には自分たちにプラスとして跳ね返ってくる。

ひとつひとつは小さなことでも、うまく機能していけば、きっと家族みんなの健康につながっていくはずです。

大掃除よりも、ちょっとした掃除を大切にする

第2章

お掃除の常識を見直してみる

学校で教わったお掃除は間違いだらけ

やってはいけないことのオンパレード

わたしたちが学校で教わったお掃除は、環境整備の観点から見て、やってはいけないことのオンパレードです。

机や椅子を一斉に動かしてホコリを舞い上げ、さらにほうきで掃き散らし、いきなりのぞうきんの水拭き。学校の掃除には、仕事としてのお掃除とはまた違った目的があることは理解していますが、それを差し引いても学校で教えられるお掃除は間違いが多いといいわざるを得ません。

床に顔を近づけて水拭きするなんて体によいわけがありません。吸ってはいけないものが顔の近くにあるのです。体によくないから、モップのような道具が発明されたのでしょう。

学校でのお掃除が原因となってアレルギーになったお子さんもいます。ただ、その因果関係が証明できないからそのままになっているだけです。

素手でトイレを掃除するのは非常に危険

大人のお掃除には、学校のお掃除とはまた違った間違いがあります。

「手袋をつけずに素手でトイレ掃除をする」がそれです。

手袋をせずに、素手で掃除をするなんで言語道断です。傷口から細菌やウイルスが入ってしまったらどうなってしまうでしょう。

精神修養としてやるのでしたら、ほかにもっとよい方法があるはずです。トイレの床に這いつくばって、便器に顔を近づけて、素手で掃除をするなんてありえません。頑張っている感は演出できますが、お掃除にそのようなパフォーマンスは必要ありません。

かつてのうさぎ跳びと同じぐらいにナンセンス

ホコリを舞い散らす学校のお掃除。素手でトイレ掃除。これらはかつてのうさぎ跳びのようなもの。科学的に見てナンセンスです。

それにもかかわらず、いまでも行われているし、時に美談として語られることさえある。

わたしには信じられません。

ただ、救いもあります。このコロナ禍で家庭でのお掃除のやり方が見直されつつあることです。

これを機に学校で教わったお掃除の非常識は捨て、衛生学的に見て、正しいお掃除法を身につけましょう。

はっきりいいます。

これまでのあなたのお掃除法は間違っていました。

いまこそ改めるべき時です。

ほうきとぞうきんがけは最悪のお掃除です

「拭く」という作業はすべてのお掃除の基本

どんな優れた道具でも使い方が違えば効果は半減

お掃除とは、一言でいうといらないものをどけること、あるいは減らすことです。その方法は限られていて、「掃くか、拭くか、吸うか」ぐらいしかありません。そのうちの「掃く」は、大胆にホコリを撒き散らす方法なので除外できます。また「吸う」は掃除機に限定されるため、お掃除のほとんどが「拭く」になります。

前章でこのようなお話をさせていただきました。

「拭く」という作業はとても大事で、布きん（クロス）でも、フローリングワイパー（モップ）でも、キッチンペーパーでも、除菌シートでも、拭き方で結果が違ってきます。

どんなに優れた道具を使っても拭き方が間違っていたら効果は半減、いやそれどころか逆にいろいろな場所に汚れを撒き散らしてしまうことになります。

丸めたティッシュでホコリの動きを再現する

拭く時は必ず一方向です。前や後ろ、右や左など同じ場所を繰り返し拭いてはいけません。同じ場所を往復させると、集めた汚れを取りこぼしたり、拭き戻した場所に汚れを塗りつけてしまうからです。

そのことを視覚的に理解してもらうために、わたしがよくやるのが、ティッシュペーパーとモップを使った実験です。

丸めたティッシュペーパーを床に散らしてモップで前後左右にゴシゴシやります。すると一部のティッシュペーパーが置いてきぼりになることがわかります。

それに対して一方向にずっと動かし続けると、集めた汚れを置いてきぼりにしてしまったり、取りこぼしたりせず、１か所に集めることができます。

キッチンペーパーや除菌シートでテーブルを拭く時も同じです。ただ、キッチンペーパーや除菌シートは前後左右がわかりにくいですし、モップのように手首を折り返すのが少々困難です。

試しにキッチンペーパーを4つ折りにして一方向に拭いてみてください。一方向に動かし、突き当たったところでうまく折り返すことはできましたか。折り返す時にペーパーの前と後ろが入れ替わってしまったらダメですよ。

どうでしたか？

実際にやってみると想像していた以上に難しかったはずです。折り返す時に手首をひねったり、手を置き換えないといけなかったりで、なかなかたいへんだったのではないでしょうか。

わたしはそれが嫌だったのでどうにかできないものかといろいろ試してみました。その結果、編み出したのが「三角折り拭き」です。

三角折り拭きなら、回転もラク、前後もわかりやすい

三角折り拭きでは、ペーパーを四角形の4つ折りではなく、三角形の4つ折りにします。すると直角三角形ができます。拭く時は、三角形の直角部分を手前にし、先端部分を押さえながら一方向に動かしていきます。そしてテーブルの端に達したら、先

端部分を軸に180度回転させ、再び一方向に拭いていきます。

三角折り拭きなら、手首を無理な方向にひねる必要もなく、ペーパーの前後もわかりやすい。従来の四角形の4つ折りではうまくいかない、できるけどやりにくい、という方は試してみてください。

拭くという作業は、汚れを集める行為です。集めた汚れは散らばっていた時よりも汚染度が高まっています。集めた結果、別のところに付着してしまったら、体によくありません。拭く時は必ず「一方向」を徹底しましょう。

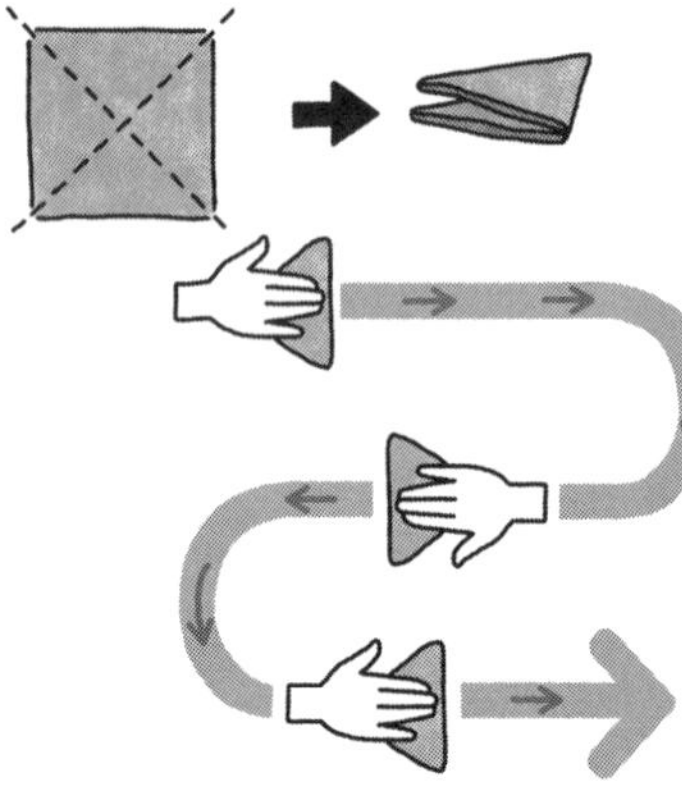
三角折り拭きの方法

ゴシゴシと拭かない。それを意識するだけでも格段に掃除の成果が上がります

拭くは4種類。乾拭き、水拭き、洗剤拭き、アルコール拭き

まず乾拭き、ダメなら、水、洗剤、アルコールで試す

「拭く」には、大切な決まりがあります。

ひとつは、先ほどお話しした「拭く時は一方向」です。ゴシゴシ拭きやぐるぐる拭きは、衛生面から考えてありえません。必ず一方向です。

もうひとつは、まずは「乾拭き」から始めること。いきなり「水拭き」や「アルコール拭き」をしてはいけません。水拭きやアルコール拭きは、乾拭きでは汚れが取り切れなかった時の次の手段と思ってください。アルコールなどで除菌をする場合は、汚れが少ない状態で行うことが基本となります。

床やテーブルの上にふんわりと乗っている汚れは、絶対に乾拭きです。せっかくふ

んわりと乗ってくれているのに、水やアルコールを振りかけてベチャベチャにすることはありません。

汚れには水に溶けるものとホコリのように水には溶けないものがあります。溶けないものに水を振りかけても、悪化することはあっても、よくなることはありません。

汚れの種類によって使い分ける

「拭く」には、乾拭き、水拭き、洗剤拭き、アルコール拭き、大きく分けてこの4つの方法があります。では、乾拭きでダメだった場合、次に何を選べばよいのでしょうか。答えは、目の前の汚れを見ると自然とわかります。もし、わからない時は順に試してみるといいでしょう。

水で拭くのは、水に溶ける（水溶性の）汚れを取り除く時。

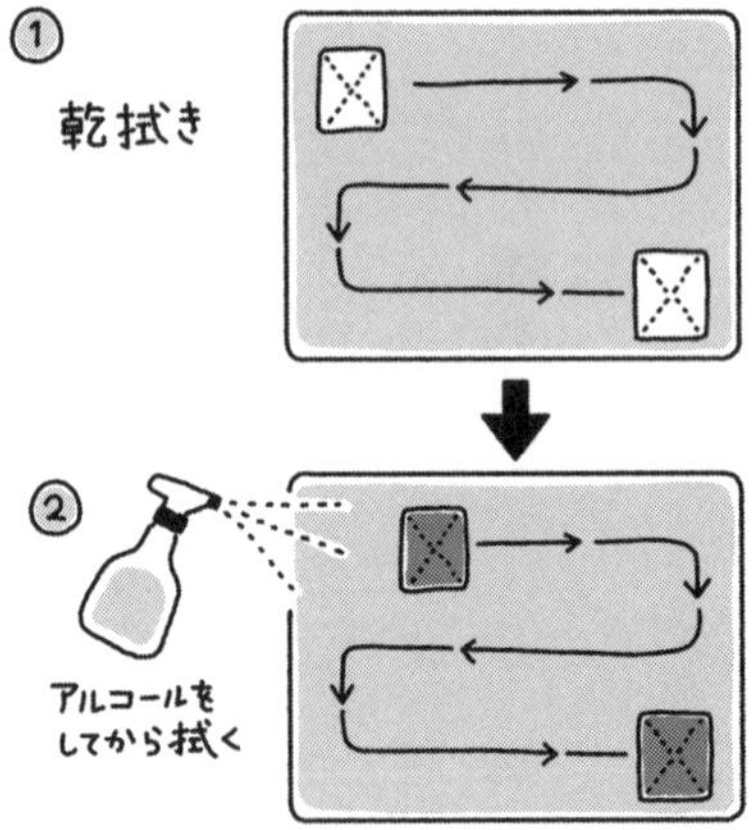

乾拭きをしてから、アルコール拭きをするのが正しい

乾拭きではダメ、水で溶かさないと落ちない。そのような汚れは水で溶かして落とします。

油汚れは、水では落ちません。水は油に弾かれてしまいます。だから、界面活性剤が含まれた洗剤が必要です。

水や洗剤では落としきれない時はアルコールです。アルコールは溶剤なので油を溶かしてくれますし、水や洗剤よりも汚れがよく取れます。

このようにひとつひとつ汚れを明らかにしていくと、いきなりの水拭きやいきなりのアルコール拭きということにはなりません。

乾いた汚れには「乾拭き」の1択

実際に、一般の家庭でどんな汚れがあるかといったら、ホコリなどの目に見えないものが圧倒的です。キッチンの油汚れや、お風呂場のカビやぬめりなど、一部、ホコリ以外で汚れていることもありますが、それらは限定的です。

一般の家庭で多いのは圧倒的に目に見えないホコリ。

では、ホコリとはどんなものでしょうか。

ほとんどが乾いている状態。イメージでいうとフワフワしています。

小さい目に見えないものが集まってフワフワしている。

何か特別なことがない限り、水を含んでビチャビチャしていることはありません。

たいていは乾いています。

乾いているホコリに水を使ったらどうなるか。

洗剤を使ったらどうなるのか。

乾いたものを洗剤やアルコールで濡らす必要はあるのか。

このように考えていったら、選択肢は乾拭き以外にありません。だから、ほとんどの場合に「乾拭きから始めましょう」となるわけです。

何かをこぼしたら、まずドライなもので量を減らす

お茶やコーヒーなど、何かをこぼした時もまずは乾拭き。拭くというよりも、ドライのペーパーやクロスで吸い取ってあげる感じです。

いきなり水拭きしてしまったら、汚れを広げてしまうだけ。ドライなものを使ってまずは量を減らしましょう。その上で水拭きなり洗剤拭きなりをして仕上げます。

なんでも水拭きは禁止！ 乾拭きのすごさを再認識する

こうして見ていくと、家庭内のお掃除で、いきなり水拭きといったケースはまずないことに気がつくはずです。

水を使うとすっきりするという気持ちはよくわかります。でも、いきなりの水拭きは、ほとんどの場合、状況を悪化させてしまうだけ。

いきなりの水拭きが成り立つのは、すでに汚れが取り除かれ、きれいになっている時です。仕上げとして水拭きをしてすっきりさせるのでしたらかまいません。それ以外は、ただ目に見えていないだけで、ホコリがいっぱいの状態です。そこをいきなり水拭きしてしまったら、ホコリを引きずり回すだけ。

水でやればすっきりするというのは、これまでのお掃除体験（とにかく濡れぞうきんで拭く）からくる思い込みです。

フローリングワイパーは S字を描くように動かす

ワイパーのヘッド部分がSの字を描くように動かす

フローリングワイパーを使ったお掃除は「拭く」作業です。シートは、ウェットではなく、ドライを使用してください。ウェットシートの方が、ホコリがよく取れると思われがちですが、実はそうではありません。まずはドライから始めて、それでも取り切れないようなら、汚れのひどい部分だけを水拭きや洗剤拭きし、最後に乾拭きで仕上げます。

拭き方は「一方向拭き」。ワイパーのヘッド部分の一方の側面が、常に進行方向に対して同じ向きになるように動かしていきます。

壁の近くまで動かしたら、ヘッドを180度回転させ、先ほどとは逆向きに拭いていきます。これを「S字ストローク」と呼びます。

ヘッドを回転させずに後ろ向きに引き返すのは絶対にやめてください。せっかく集めた汚れを取りこぼしてしまいます。

S字ストロークが難しいようでしたら、一方向拭きで壁まで達したらワイパーを床から少しだけ浮かし、ヘッドを180度回転させてから元の位置に戻しましょう。そしてワイパーの幅の分だけ横に移動して、再度、一方向拭きします。そしてまた壁まで達したら、再び元の位置に戻り、再度一方拭き。これを繰り返して全体を仕上げます。

拭く時は、ワイパーを床に密着させ、力を入れすぎずに、ゆっくりと静かに動かします。乾いたホコリを取り除くのが目的ですから、力を入れてゴシゴシこする必要はありません。ゆっくりと動かすことでホコリの舞い上がりを最小限に抑えることができます。

シールを貼って前後がわかるようにする

「どんなときでも一方向拭き」がフローリングワイパーを使う時の鉄則です。ところが、フローリングワイパーのヘッド部分は前と後ろが同じ形をしていて、見た目ではどちらが前か後ろか判断がつきません。

そこで一工夫します。前後がわかるように、どちらか一方にシールを貼ったり、矢印を付けたりします。こうしておけば、お掃除中でも一目で前後がわかります。

拭くのは1度でかまいません。S字拭きは拭いた場所がわかりやすく、往復拭きやぐるぐる拭きのように何度も同じところを拭くといった無駄もなくなります。一見、S字拭きの方が面倒に思えるかもしれませんが、実際は、ほかの拭き方よりも無駄な動きが少なく、かつ汚れも取れ、お掃除にかかる時間も少な

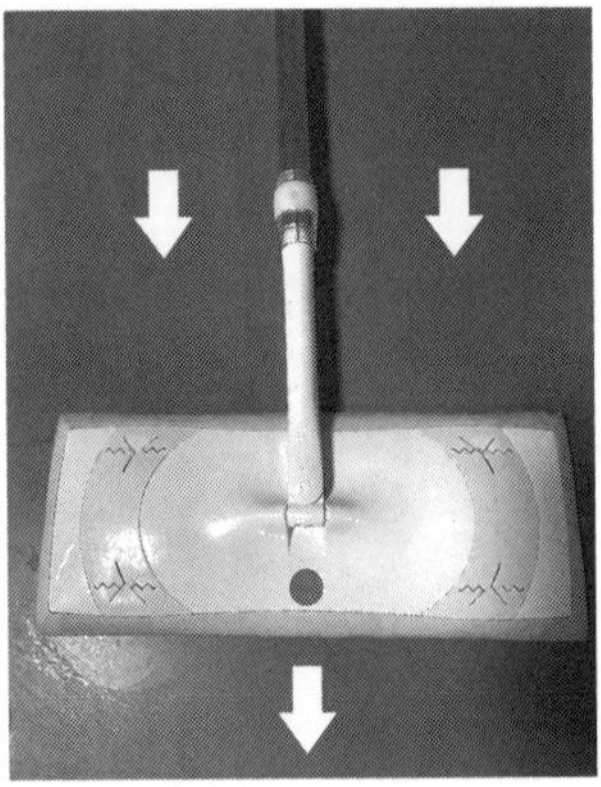

シールで前後がわかりやすくなる

くてすみます。

◯ワイパーシートは裏返して使ってはいけない

みなさんの中にワイパーシートを裏返して使っている方はいらっしゃいますか。

シートは、ドライでもウェットでも裏返してはいけません。

もったいないという気持ちはわかります。

実際、汚れるのはシートの前部分の一部だけ。ほとんどがきれいなまま。「これなら裏返して使えるのでは」と思うのも無理はありません。

でも、ダメなのです。

裏返した瞬間に集めた汚染物質が飛び散ってしまいますし、集めた汚れでシートに凹凸ができてしまい、汚れがきちんと拭き取れません。

「シートの一部しか汚れないのだったら、もっとシートを小さくしてもよいのでは」と思われるかもしれません。ところがシートを小さくしすぎると、拭いている途中で裏返ってしまったりしてうまく拭き取れないのです。

よって、ワイパーシートの使用は1回限り。裏返して使わない。もったいないから、あっちを拭いたり、こっちを拭いたりして、全体が汚れるまで使おうとするのはやめましょう。

正しい使い方で、効率よく、短時間で、きちんと汚れの量を減らす。

その方が、トータルで見た時に「もったいない」とはなりません。

ワイパーシートは裏返して使わない。「もったいない精神」が掃除の効果を台無しにする

お掃除道具は使い捨てがいい

拭くことよりも準備や後片付けの方がずっと面倒

あなたが「お掃除って面倒だな」と感じるのはどんな時でしょう。

わたしは、道具を準備したり、後片付けをしたりする時に「面倒」を感じます。

みなさんはいかがでしょう。

「準備や後片付けなど、お掃除に付随するあれこれをできるだけ減らしたい」

わたしは常々こう思っています。だから、お掃除道具はできるだけ使い捨てのものを選ぶようにしています。

基本、布きん（クロス）やタオル類は使いません。キッチンペーパーやペーパータオルでさっと拭いてすませます。

布きんやタオルは使い終わったら、洗って、干して、乾かさなければいけません。その点、ペーパー類ならゴミ箱に捨てておしまいです。

それに布きんやタオルは、意外と汚れが落ちなかったりします。一部の色が変わってしまうこともあります。そうなると、さらに後始末に時間がかかります。わたしは、そうしたお掃除にまつわる時間をできるだけ減らしたい。だから、基本、お掃除道具は使い捨てです。

使い捨てにするかどうかは、何を優先するかで選ぶとよい

使い捨てなら道具を取りに行く時間と手間が省けます。汚れやすい場所にペーパー類を置いておけば、その場でさっと取ってぱっと拭けばお掃除終了です。ボックスタイプのものなら、ティッシュペーパーと同じ感覚で使え、いろいろと重宝します。

いまいる場所が汚れているのだから、そこを拭けばいいだけの話。なのに、そこから離れて布きんを取って戻ってお掃除をしなければならないとしたら……。面倒に感じて当たり前です。

とはいえ、洗って何度も繰り返し使える布きんに親しんできた人には、「使い捨て

のペーパーなんてもったいない。だって一度使っておしまいでしょう」と思われるかもしれません。確かにそうした一面もあります。ですから、最終的にはあなたが何を優先するかで決めるのが一番です。

わたしはそうした後始末がとても面倒に感じましたし、そのために時間や労力を使うのだったら、使い捨てのキッチンペーパーの方がはるかに簡単だし効率的。だから、わたしは使い捨てのペーパーを選びました。

どちらか一方に決めず、状況に応じて布きんとペーパーを使い分けるのもよいでしょう。肝心なことは、あなたが何を大事に考えているかです。それによって使う道具をその都度選んでいけばよいのです。

一番注意しなければいけないのは、手に汚れが付かないこと

わたしが布きんを使わないのにはもうひとつ理由があります。折り返して使いたくないからです。おそらくみなさん、布巾を4つに折って使っていると思いますが、拭いた面を裏返して使うのは衛生的に見て問題があります。

裏返した時に汚れが手に付いてしまうからです。ましてや、何度もひっくり返して

使ったら布きんも手も汚れだらけです。

感染予防上、一番やってはいけないのが、汚れを手に付着させること。基本的に布きんは最初に拭いた面しか使ってはいけません。これはペーパーも同じ。

以前、4つ折りにした布巾の面に番号を振って実験したことがあります。一度使った面に触れずに裏返して使えるかどうかを実際に試してみたのです。

結果からいうとダメでした。

紙を4つ折りにして、それぞれの面に1から8までの番号を振り、1番の面から拭いていきました。で、次にほかの番号の面で拭こうとしたのですが、どうしても1番の面に触れてしまいます。無理やりやれば何とか2番の面までは使えるのですが、それ以降は1番か2番の面に触れずに折り返すことはできませんでした。絶対にどちらかの面に触れてしまいます。

だから、布きんもペーパーも折り返して使ってはダメ。

もし、知らずにやっているとしたらすごいリスクです。明らかに汚れていることがわかっていたらすぐに手洗いや消毒をするでしょう。でも、手が汚れているという意識がなかったらそのまま対策をすることなくいろいろな場所に触れたり、移動したりしてしまうでしょう。折り返すことに意識がいっていて、手が汚れてしまっているということに気がついていないからです。

もったいないなら4つに切って使うといい

拭く時に必要な面積は、クロスを4つ折りにした時の一面だけ。この広さがあればほかは必要ありません。手の大きさからはみ出した部分には力が加わらず、しっかりと拭き上げられないからです。これはペーパーでも同じ。

一面だけを使ってペーパーを捨ててしまうのがもったいないと思う人は、1枚を4つに切って使うとよいでしょう。ただし、そのままではペーパーがたわんでしまいうまく拭けません。そこで役立つのがCDのケースです。ペーパーの上にケースを載せて軽く手で押さえてやると均等に力がかかり拭きやすくなります。

考えてみれば、ティッシュペーパーも同じです。必要なのはほんの一部分でほとんど使わないところばかり。でも、あの大きさでないと使い勝手が悪い。キッチンペーパーもティッシュも小さくすれば4倍使えるのにと思いますけど、それではうまくいかないのです。

ティッシュペーパー感覚でキッチンペーパーを使ってみる

いまではどこの家庭でも見られるティッシュボックスですが、きっと出始めた頃は値段も高く、いまのように頻繁に使われることはなかったでしょう。それが現在は、部屋ごとに置かれるぐらいに当たり前のモノになっています。これほどまでに重宝されるのは、値段が下がったこともあるでしょうが、何よりもあると便利だからでしょう。鼻をかんだり、口を拭いたり、ちょっとした汚れを拭き取ったり、いろいろな場面で役立ってくれます。

キッチンペーパーもそれと同じで、汚れやすい場所に常備しておくと役立ちます。汚れを見つけたらすぐにペーパーでひと拭き。これだけできれいにできます。多少の汚れでしたらティッシュペーパーで代用できますが、「拭く」にはちょっと柔らかすぎます。やはり家の汚れを拭くのにはキッチンペーパーが一番です。値段もそれほど高くはありません。わたしが広報活動をお手伝いさせていただいているエリエール（大王製紙株式会社）の片手でサッと取り出せるシートタイプのキッチンペーパーなら、次のペーパーを汚すことなく、手軽に1枚1枚清潔に使うことができます。さら

本書をお買い上げいただき、誠にありがとうございました。
質問にお答えいただけたら幸いです。

◎ご購入いただいた本のタイトルをご記入ください。

『　　　　　　　　　　　　　　　　　　　　　　　　　』

★著者へのメッセージ、または本書のご感想をお書きください。

●本書をお求めになった動機は？

①著者が好きだから　②タイトルにひかれて　③テーマにひかれて
④カバーにひかれて　⑤帯のコピーにひかれて　⑥新聞で見て
⑦インターネットで知って　⑧売れてるから／話題だから
⑨役に立ちそうだから

生年月日	西暦　　　　年　　月　　日（　　歳）男・女			
ご職業	①学生	②教員・研究職	③公務員	④農林漁業
	⑤専門・技術職	⑥自由業	⑦自営業	⑧会社役員
	⑨会社員	⑩専業主夫・主婦	⑪パート・アルバイト	
	⑫無職	⑬その他（　　　　　　）		

ご記入いただきました個人情報については、許可なく他の目的で使用することはありません。ご協力ありがとうございました。

郵便はがき

お手数ですが、
切手を
おはりください。

1 5 1 0 0 5 1

東京都渋谷区千駄ヶ谷4-9-7

(株)幻冬舎

書籍編集部宛

ご住所 〒 都・道 府・県	
	フリガナ お名前
メール	

インターネットでも回答を受け付けております
https://www.gentosha.co.jp/e/

裏面のご感想を広告等、書籍のPRに使わせていただく場合がございます。

幻冬舎より、著者に関する新しいお知らせ・小社および関連会社、広告主からのご案内を送付することがあります。不要の場合は右の欄にレ印をご記入ください。

不要 □

に使い捨てだから衛生面でも安心です。

普段の生活から出た汚れ、楽しんだ結果出た汚れ、そうした汚れを取り除くために、布きんではなく、キッチンペーパーを積極的に利用してみてください。

ティッシュは家のそこかしこに用意してあるのにキッチンペーパーはもったいなくて使えないのだとしたら、それは、わたしにはちょっと不思議に思えます。

使い捨てのものを賢く使って、清潔さを保つ

室内で「ほうき」や「はたき」は使ってはいけない

ほうきはホコリを舞い上がらせるための道具

お掃除という作業は、最初に汚れを集めるという行為があって、次に集めた汚れを回収して減らすという行為が続きます。

集めて、回収する。

この2つの行為が連続して行われるのがお掃除という作業です。

お掃除という作業をひとつひとつ分解してみると、それぞれの行為の中で何をしてよいのか、何をしてはいけないのかが見えてきます。同時に、どのようにやるのが一番かということもわかります。

お掃除で一番大事なことは、いまある汚れを広げない、撒き散らさないことです。

だからゴシゴシは拭きません。いきなりの水拭きはしません。どちらも汚れを広げてしまうからです。

ほうきもいりません。畳を掃くために使っている方がいらっしゃるかもしれませんが、ほうきは絶対にダメです。ほうきはホコリを舞い上がらせるための道具だからです。和室の掃除には、できるだけ掃除機を使ってください。

◎穂先を床や畳に押し付けてゆっくり動かす

ほうきはどこがダメなのかというと、掃く時の動きがダメなのです。ゴルフのスウィングのように、持ち手の部分を中心に弧を描くように動かしますね。この動きがホコリを撒き散らしてしまいます。

どうしてもほうきを使わなければならない時は、穂先の部分を床や地面にぐっと押し付け、ホコリを寄せて集める感じに動かしましょう。これなら巻き上げを最小限にとどめることができます。

なぜ、ほうきがお掃除に向いていないのか、ティッシュを使って実験してみるとよくわかります。小さく丸めたティッシュをほうきで掃いてみましょう。掃くとポンポンとティッシュがいろいろな方向へ舞っていきます。ティッシュがホコリだったらどうでしょう。きっとあたりがホコリだらけになります。だから、ほうきは使ってはいけないのです。

病院清掃のスタッフにも、ホコリをサッサッと掃き飛ばす「ほうき癖」のついた人がいます。本人が気をつけることでだんだんと直っていくのですが、長年の癖はなかなか抜けないようです。

ホコリを払って落とす「はたき」はもってのほか

棒の先に束ねた布切れや紙などをつけた「はたき」（ホコリを払う道具）も必要ありません。かつてはよく使われていましたが、いまではめっきり見かけません。似たような名前で「化繊はたき」がありますが、こちらはホコリを払うのではなく、拭いて集める道具です。使い方と目的がだいぶ違います。

はたきがなぜダメなのか。

いうまでもありません。ホコリを払ってきれいにするなんて言語道断です。はたきでホコリを払ったあと、落ちたホコリはどうしていたのでしょうか。

いまとなっては大きな疑問です。

玄関マットやトイレマットは本当に必要？

ほうきやはたき以外にも「必要のない」お掃除関連グッズがあります。

たとえばマット類です。

玄関から上がったところに置かれる室内用の玄関マット、キッチンマット、トイレマット、本当に必要でしょうか。

わたしは、こうした繊維モノがあまり好きではありません。繊維の表面やその周りにホコリをため込んでしまうからです。わたしの家ではマット類はできるだけ使わないようにしています。カーペットも然りです。

そんな中、唯一、必要と思えるのがお風呂マットです。お風呂マットは、お風呂上がりの体から出る水気を取ってくれます。だから必要です。

では、玄関マットはどうでしょうか。本当に必要ですか。土足だったらありです。マットが靴の裏に付着したドロやホコリを取り除いてくれます。

でも、みなさん、玄関で靴を脱がれるはずです。だとしたら、なぜ必要なのか理由が見つかりません。せいぜい足裏の汚れや汗を吸い取るぐらいの役割しかないと思います。
　トイレマットはどうでしょうか。トイレにマットを敷く目的はなんでしょう。何かをこぼしてしまったらペーパーで拭き取ればいいだけですし、マットがあるとこぼしたことに気づきにくくなります。インテリアや意匠のひとつとして利用するのであれば、こまめに洗濯するようにしましょう。

当たり前に使っているものが、汚れを増やしていることがある。
何でも見直してみる心が大切

玄関マット、横に置くか？ 縦に置くか？

玄関から入り込む汚れをできるだけ減らす

先日、こどもクリニックの視察に行ってきました。開業に先立ち、環境整備の点で問題がないかどうかをチェックするためです。

最初にチェックすべきことは、「汚れはどこから持ち込まれるのか」です。

持ち込まれる汚れの量が少なければ少ないほど、お掃除にかかるお金と時間が減り、患者さんへの影響も最小限に抑えることができます。

たとえば、毎日100の汚れが建物の中に侵入したら、毎日100の掃除が必要ですし、それが50になれば50でいいし、25になれば25でいいことになります。

では、外から一番汚れが持ち込まれる場所はどこでしょう。

そうです。玄関です。

まずやるべきことは玄関から入り込む汚れをできるだけ減らすこと。環境を整えるということはこういうこと。それは病院でもお店でも一般の家庭でも変わりません。「お掃除で汚れを減らす」のは次の段階になります。

最初からお掃除に目をやってしまうと、その前段階の「汚さないための環境整備」がおろそかになってしまいがち。どうしても入り込んでしまった汚れを「こういう道具でこのように作業してやるときれいになりますよ」といった話からのスタートになります。

でも、本当は、お掃除の前段階である「外から入り込む汚れを減らすにはどうしたらよいか」から始めるべきなのです。

玄関マットは縦長になるように敷くのが正解

では、玄関から入り込む汚れを減らすにはどうしたらよいでしょうか。ひとつの方法に、入口に「屋外用の玄関マットを敷く」があります。お店や病院のドア前に敷いてありますよね。実は、あの玄関マット、何気なく敷いてありますけど、ものすごく大事な役割を担っているんです。

訪れた人が、玄関マットの上をたくさん歩けば歩くほど、建物の中に入る汚れは減ります。10メートル歩いてもらうのと、1メートルしか歩かないのとでは、汚れの取れ具合が大きく違ってきます。

そんなお役立ちの玄関マットですが、実はひとつ問題があります。それは玄関マットの向きです。通常、玄関マットはどの向きに敷かれているでしょうか。

たいていは横向きです。長い辺が入口と平行に敷かれています。

これ、おかしくないですか。玄関マットの役割は、靴底の汚れを取ること。できるだけ長い距離を歩いて汚れを落としてほしいのに、敷き方はその逆です。訪れた人が、短い方を歩くように敷かれているのです。

これはどうしたことでしょう。

玄関マットの目的を考えれば、縦長になるよう敷くのが正解です。ところがそうなっていない。おそらく玄関マットがただのお飾りになっているからでしょう。

その道具は何のためにあるのかを考え直してみる

ここで改めて玄関マットの仕組みについて考えてみましょう。

玄関マットには、たくさんの毛が編み込まれ、靴底のホコリやドロをかき出して毛と毛の間に落とします。毛と毛の間が汚れのポケットになっているのです。

玄関マットの毛を1本1本抜いて並べてみると、マットの何百倍という面積になります。それぐらい表面積が広いわけです。それが靴底の溝などにハマって汚れをかき出してくれる。だから、できるだけ長く歩いてもらった方がいいのです。

1歩や2歩では効果がありません。少なくとも3歩、4歩、5歩と歩いてもらう必要があります。そうすることで外から持ち込まれる汚れが相当減ります。すると当然、お掃除の手間や時間も減らすことができるというわけです。

本当は環境整備とお掃除はセットで考えなければいけないんです。ところがマットはマット屋さん、お掃除はスタッフや専門の清掃業者に委託。こうなるとマットはマット、お掃除はお掃除とそれぞれで対応していくことになります。でも、これはものすごく効率が悪い。セットで考えれば効率も上がるし、全体のコストだって減らすことができる。

しかし、現実はそうなってはいないし、できる環境にすらなっていません。わたしは、いつもそこにジレンマを感じています。

でも、あなたの家は大丈夫でしょう。環境を整備するのもお掃除をするのもあなたやあなたの家族です。一番よい方法を選んでお掃除を改善していきましょう。

向きを変えるだけで、道具は2倍、3倍にも効果を発揮することがある

掃除機のゴミ捨てでホコリを撒き散らしている

集めたゴミをできるだけ広げないように捨てる

最後にお掃除で集めたゴミの捨て方についてお話ししましょう。お掃除によって集められた汚れは、単体であった時よりも汚染度が高まっています。

それぞれの場所に1の汚染物質があったとします。それをひとつ、2つ、3つ、……と集めていったらどうなるでしょうか。

集めた分だけ汚染度は高まります。お掃除という作業は、いろいろな場所から汚染物質を集めてきて濃度を高めている危険な行為でもあるわけです。

ですから、その集めた汚染物質をどのように処理するかがとても大事です。できるだけ汚染物質を撒き散らさないよう、広げてしまわないよう、注意して作業する必要があります。

ワイパーのシートはビニール袋に入れて捨てる

フローリングワイパーのシートは裏返して使ってはいけません。片面だけ使用してください。一通り拭き上げたら、使用した面が内側になるように小さく折り畳んでゴミ箱に捨てましょう。ビニール袋に入れて口を閉じてやると完璧です。

一番やってはいけないのが、くるくると巻いてそのままゴミ箱に捨てること。丸めて捨てると何かの拍子にほどけてゴミが舞い散ってしまいます。

掃除機のゴミ捨ては外でやる

掃除機のゴミ捨てはどれだけ注意深くやったとしても、ホコリが飛び散ったり、周りにこぼしてしまったりします。

できるだけベランダや玄関先などの屋外で行いましょう。

大きめのビニール袋を用意し、掃除機のダストボックスを中に突っ込んでゴミを取り出します。その際、ビニール袋の口をなるべく絞った状態で行います。汚染物質が飛び散るのを最小限に抑えるためです。
紙パックタイプの場合もできるだけ屋外でやった方がいいでしょう。

ペダル式ゴミ箱はホコリを撒き散らしやすい

ペダルを踏むとパカッとフタが開く「ペダル式のゴミ箱」を使用されている方はいらっしゃいますか。キッチンで使われているのをよく目にしますが、ペダル式のゴミ箱に掃除機のゴミやフローリングワイパーのシートをそのまま捨てるのはやめましょう。フタが開く時に中のゴミを撒き散らします。

ゆっくりと軽く開いてくれればよいのですが、たいていパッカンと勢いよく開きます。あれがよくないのです。開く時に風が起こり、集めた汚れが家中に広がります。

ペダル式のゴミ箱は便利ですが、集めたゴミの収集には向いていません。使用される場合は、必ずゴミを袋に入れて口を閉じてからゴミ箱に捨てましょう。

ゴミを捨てるまでが掃除です。最後までゴミを撒き散らさない

第3章

お掃除はもっと簡単でラクになる

お掃除に対する思い込みをリセットする

手間を減らしたいからいろいろと考える

30年以上、お掃除をしてきて確信したことがあります。

お掃除を効率的かつ効果的に行うには、目の前の汚れに対してどのような道具を使って、どのような方法で行うかが大きなポイントになるということです。

ここはフローリングワイパー（モップ）、ここは布きん（クロス）、ここは掃除機など、場所ごとに使う道具を決めるのではなく、目の前にある汚れをどうしたいのか、目的から道具を選び、選んだ道具を正しい方法で使うことが大切です。

フローリングなら、いきなりの水拭きはやめる。なぜならフローリングの汚れは乾いたホコリが多いからです。

それじゃあ、乾いたホコリを集めるにはどんな道具がいいだろうか。乾いた汚れにはフローリングワイパーや掃除機が向いている。

だったら、次からはずっと使ってきた濡れぞうきんはやめてフローリングワイパーを使ってみよう。シートはもちろんドライ。

しばらく掃除をしていないリビングの壁。壁には目に見えないホコリがたくさん付着している。壁に貼り付いたホコリを取るにはどうしたらよいか。

乾いたクロスや普通のはたきだと部屋中にホコリを撒き散らしてしまう。かといって濡れたもので拭いてしまうとホコリを広げてしまうだけ。

さあ、どうしよう。

どうやら壁のホコリは静電気で貼り付いているらしい。だったら、より強い静電気の力で剝がしてやればいい。

そのためにはどんな道具を使えばよいか。

静電気の力でホコリを集める化繊はたきがいいだろう。化繊はたきでそっと拭いてやればホコリの飛び散りも最小限に抑えられる。

たとえば、このような感じです。

これまで何となくやってきたお掃除のやり方や道具に対する思い込みを一度リセットし、汚れの種類と状況に応じて道具を選び、正しいやり方で作業をすること。これがまずひとつめのポイントです。

汚れやすい場所、感染リスクの高い場所を集中的にお掃除する

もうひとつは、どういう場所に汚れがたまりやすいのかを知っておくことです。汚れやすい場所がわかっていれば、次からはその場所だけを重点的に掃除し、それ以外の場所は軽めに、あるいは2回に1回ぐらい掃除すればいいでしょう。

もちろん、毎日、100%のお掃除ができればよいのですが、そうもいきません。掃除以外にもやらなければいけないこと、やりたいことがいくつもあるでしょう。だからといって、お掃除をおろそかにして健康を害するリスクは、最大限減らしておきたい。そこでたどり着いた答えが、

「汚れていない場所には時間をかけない」
「汚れている場所、感染リスクの高い場所に清掃力を集中する」

でした。わたしはこれを「適在適掃」と呼んでいます。松本式お掃除術の特徴のひ

手間を減らしたからといって、手抜きにはなりません

とつです。

そもそもの発端は、病院清掃中にふと頭に浮かんだ疑問でした。

「同じ病院内でも場所が違えば汚れ方も違う。それなのに清掃の仕方は同じでよいのだろうか。ほとんど汚れていない場所まで一律に清掃する必要はあるのだろうか。それは時間とお金の両方を無駄にしているだけではないだろうか」

実際のところ、病院清掃では契約条件などもあり、場所ごとに掃除のやり方を変えるのはなかなか難しいのですが、一般の家庭でしたらできるはずです。

汚れやすいポイントを押さえたお掃除をすれば、いままでよりも効率的にきれいを維持し、病気になりにくい環境が作れるはずです。

ホコリがたまりやすい場所を重点的にお掃除する

すべてが同じように汚れることはない

生活スタイルに大きな変化がなければ、汚れの量はそう大きくは変わりません。ほぼ一定です。ただ、季節によって着るものや使うものが違ってくるので、多少はそうしたものの影響を受けるでしょう。

だからといって、今日「1」だった汚れが、明日、急に増えて「5」になるといったことはまず起こりません。つまり汚れの量はほぼ一定です。

家の中がすべて一律に汚れることもありません。汚れの多い場所はだいたい決まっています。生活習慣や家具の配置などに変化がなければ、同じような気流が発生して、同じようなところに汚れがたまります。

汚れは、量の多いところからだんだんと広がっていきます。逆に少ないところは広がったとしてもたいしたことはありません。

ということは、汚れが多く発生する場所を見つけ出し、集中的にお掃除していけば、効率よくきれいな状態が保てるというわけです。

気流が滞る部屋の隅や狭い場所にたまりやすい

では、家の中で特に汚れが発生しやすい、たまりやすい場所はどこでしょうか。

まず、部屋の隅や廊下の隅。風に乗って移動してきたホコリが壁などに当たって置き去りにされてたまっていきます。

ソファーやベッドの下。こうした高さがあまりない場所は、入るのは簡単でも、出るのはなかなか難しい。狭い場所に進入した風は壁や物にぶつかり、力を奪われるこ

部屋や廊下の隅にホコリはたまりやすい

とで、動きが弱まり、停滞するからです。だから、ホコリがたまりやすい。

同じ理由から、食器棚、冷蔵庫、洗濯機などの下にもホコリがたまります。あまり知られていないかもしれませんが、階段もホコリの多い場所です。気流が階段を通って2階と1階とを行き来し、その途中でホコリを残していくからです。

1階の部屋で暖房をつけると、暖かい空気が階段を通じて2階に昇り、2階で冷房をつけると階段を通じて下に降りていきます。暖かい空気は上へ、冷たい空気は下へ移動していくからです。

2階にいて食べ物や料理の匂いが1階のキッチンからしてきたことはありませんか。匂いが気流に乗って上の階に移動したためです。

目には見えませんが、家の中ではこうした気流がたえず起こっており、それに乗って汚れも移動します。その結果、汚れやすい場所とそうでない場所ができるのです。

ある程度たまったところで一気に取り除く

このように汚れやすい場所には、汚れがたまる理由があります。

当たり前のことですが、いきなりポンと大量のホコリが現れることはありません。

発生源があって、理由があって、特定の場所に集まっています。

ということは、汚れが移動するルートをたどって、どこかで断ち切ってやれば、それ以上、汚れが広がることはないということです。

ただし、汚れの発生源を見つけるのは難しいですし、汚れが集まり始めているところで取ってしまうのはもったいない。汚れがある程度たまったところで、一網打尽にしてしまうのがよいでしょう。

ホコリがたまって嫌だなと思う方もいらっしゃるかもしれませんが、ホコリがたまりやすい場所は「我が家のホコリ取り機」ぐらいに思って、お掃除の効率化に役立てましょう。下手にあちこち散らばってしまうより、1か所に固まってくれた方が好都合です。一度に大量のホコリを取り除けます。

◎ソファーさん、ホコリを集めてくれてありがとう

ソファーの下にたまったホコリを見て、「知らないうちにこんなにたまっているわ。たいへん、汚い」と深刻になることはありません。「うわー、知らないうちにソファーがこんなにホコリを集めてくれたんだ。ありがとう」と感謝をして取り除いてあげ

ましょう。病院やお店の玄関先に置かれた玄関マットと一緒です。

靴裏のドロや汚れを集めてくれる玄関マットと同じように、ソファーが汚れを集めてくれた。フローリングワイパーをかけたりしなくても、ソファーの下のスペースが自然に集めてくれた。ソファーさん集めてくれてありがとう。このぐらいの気持ちでちょうどいいのです。

ただし、ひとつ注意してほしいことがあります。もし、ホコリを取っても取っても取り切れない。そんな無限のイメージがあるようでしたら、それは取り切れていない汚れが家の中を循環しているのかもしれません。いまわかっている以外にホコリの集まる場所がないか調べ直してみるとよいでしょう。

ホコリが多い場所は、ホコリを集めてくれる場所。その場所を大切にする

大掃除は、1年に1度の大きなチャンス

大掃除の前に家中の汚れ具合を観察する

1年に1度の大掃除。

こまめにお掃除をしていれば、特にやる必要はない大掃除ですが、もしやるとするなら、それは「1年に1度のビッグチャンス」です。

どこにどれだけの量の汚れがたまったかがよくわかります。

大量の汚れを見つけて、「うわー、すごい、汚い」といきなり取り除いたりしないでください。せっかくの証拠を消してしまうことになります。

お掃除に取りかかる前に、家の中を歩いて回り、「意外とここは汚れが多い」「こっちは少ない」など、汚れ具合を確認しておきましょう。こうして集めた情報がこれか

らのお掃除に役立ちます。

大掃除前の汚れは、みなさんの家の1年の汚れ。放っておいたら、きっと次の1年の汚れもほぼ同じ具合になります。だとしたら、汚れの少ないところはそのままでよいとして、汚れのひどい場所についてはもう少しこまめに掃除する。そうすれば年に1度の大掃除はもう必要ありません。

除湿剤の変化でカビの発生しやすさがわかる

タンスやクローゼットの湿気対策に使う除湿剤。この除湿剤も家の状態を知るためのバロメーターになります。

すぐに水がいっぱいになってしまう場所がある一方で、たまるまでに時間がかかる場所もあります。これは見方を変えると、場所ごとの湿り具合が可視化されているということです。

すぐに水がたまるところは、水気の多いところ。そうした場所は、除湿剤だけに頼るのではなく、ときどき扉を開けて風通ししてやるといいでしょう。

逆に水があまりたまらないところ。これは水気が少ない場所なので、湿気に関してはそれほど気を使うことはありません。

「この前、除湿剤を置いたばかりなのに、もう水がいっぱい。はい、交換」

これで終わりにしてしまったらもったいない。

水のたまり具合からその場所の特徴がわかるのですから、それをお掃除と連動させて役立てましょう。

湿気の多いところはカビが発生しやすいのでときどき風通ししてあげる。カビが発生しているようなら早い段階で取り除く。

何か原因があってその結果になっているので、結果が見えているのであれば、そこから逆算してどんな原因があるのか考えてみる。

わたしたちの体だって同じでしょう。

「おかしいな、今日は肩がすごくこっている。どうしてかな。もしかしたら、どこか悪いのかもしれないいな」と原因を考えますよね。

肩こりひとつとっても体の異常に気づくきっかけになってくれます。何も原因がなければ肩がこることはないわけで、必ず肩がこった理由があります。

同じように、お掃除中に発見したシグナルはそのままにせず、何かの形で普段のお掃除に役立てていきたいものです。
いきなりそこまでは難しいかもしれませんが、まずは気づくこと、関心を持つことから始めてみてはいかがでしょうか。

カビが生えやすい場所、汚れやすい場所には理由がある。
そのシグナルを見過ごさない

始末の習慣で日々のお掃除はラクになる

ちょっと汚れたらちょっとだけやる

普段の生活でどこかがメチャクチャに汚れる場面などそうそうありません。ひどく汚れてしまうのは、ちょっとした汚れをそのまま放置した結果ということがほとんどでしょう。

油を大量にこぼしてしまった。飲み物をぶちまけてしまった。

こうしたケースは別です。これはもう一大事。でも、こうした大事の方がそのままにせず、すぐに後始末をするものではないでしょうか。

それに対して、日常的な汚れは、たいてい小さなちょっとしたものです。

ちょっとこぼした。

ちょっと水が散った。

ちょっとだけホコリがたまっている。

こうした「ちょっと」をそのまま放っておくから、あとになって「お掃除はたいへんだ。面倒だ。嫌だ」となってしまうのです。

ちょっと汚したらちょっとだけやればいい。ちょっとやっておくだけで、いつも清潔な状態を保つことができます。

◎使用後の「始末」で汚れ方は大きく違ってくる

ちょっと汚したらちょっとだけやる。

わたしは「始末の習慣」と呼んでいます。

物事には必ず始まりがあって終わりがあります。家族と楽しく食事をしたら当然汚れも出ますし、飛沫だって飛ぶでしょう。それをそのまま放っておくとあとで面倒なことになります。楽しい時間を過ごしたのだから、終わりまで責任を持って片付けをする。始まりと終わりをセットで考える。

「お掃除はたいへん。お掃除は嫌い」と思い込んでいる人は、「始まり（始）」と「終わり（末）」を切り離して考えているのでしょう。

「終わり（末）」の代表といえば、お掃除や片付けということになりますが、「始末の習慣」ではそれをセットで考え、繰り返すことで習慣にします。

床に何かをこぼしてしまったらキッチンペーパーでさっと拭き取ってやる。

洗面台が水滴だらけになってしまったら乾いたクロスで拭き取ってやる。

食事をしたらテーブルをさっと乾拭きし、仕上げに消毒をする。

どれもほんの数秒で終わってしまうことばかりです。

朝起きたら顔を洗うように、寝る前に歯を磨くように、靴を脱いだら揃えるように、ちょっと汚したらちょっとだけやる。

使った直後に「始末」をするだけでその後の汚れ方は大きく違ってきます。

◎ 夜中にデッキブラシで池を掃除する人たちの姿に感動

始末といって思い出すのが、ディズニーランド時代に目にした光景です。

当時、わたしは東京ディズニーランドの商品部に勤務していました。お掃除とはまったく関係のない、商品の販売や在庫管理を行う部署です。

ある晩、クローズ後の精算や片付けをすませて外へ出ると、園内の池の清掃が行われていました。ちょうど冬の寒い時期で、特にディズニーランド周辺は海風が吹いていてとても冷えるんですね。

そんな中、デッキブラシを手に黙々と清掃を続けるスタッフたちがいました。

当時、わたしはお掃除に何の興味もなく、清掃という仕事をしたいと思ったことさえなかったのですが、あれには感動しました。

本当にすごいなと感心しました。

あれから38年が経ちますが、あの時の光景はいまも目に焼き付いています。

考えてみれば、彼らのような人たちの努力があってこそ、楽しい時間が提供できているのですね。

始めがあれば、終わりもある。

始末の習慣の大切さを目の当たりにした瞬間でした。

完璧にやろうとしない。ちょっとだけやる

最後に始末を習慣付けるコツを紹介しておきましょう。

ちょっとだけ。その心が美観にも、健康にもよい

それは「完璧にやろうとしない」ことです。

気づいた時にちょっとやる。

使ったあとにちょっとやる。

この「ちょっと」がポイントです。

「ちょっと」だけでも、繰り返していけば大きな効果があります。

汚れがたまりすぎるのを防いでくれることはもちろん、汚したことを気にするようになるので、汚れたまま放っておけなくなります。

そこまでいけばしめたもの。「始末」が習慣になりつつあります。

家庭の汚れは、ホコリと水と油に分けられる

家の中の汚れの多くがホコリ

家の中の汚れには、ホコリ、水、油による汚れに大別できます。このうち水による汚れは、洗面所、お風呂、トイレなどの水回りに、油による汚れはキッチンなどの特定の場所に限られます。

つまり家の汚れの多くがホコリによるものです。

ホコリ関係のお掃除は、これまでにお話ししてきたように乾いた状態で行います。水や油による汚れには重曹やクエン酸を用い、それでも落とせない場合は洗剤を使用します。

洗剤には酸性、中性、アルカリ性の3種がある

ホコリ関係のお掃除法については、後ほど場所ごとに説明していきます。ここでは、ドライでは落とせない場合に使用する洗剤について見ていきましょう。

「洗剤は種類が多すぎて何を使ってよいのかわからない」

こんなふうに思われている方もいらっしゃるでしょう。

でも、大丈夫です。たくさんあるように見えて、実は3種類しかありません。

酸性、中性、アルカリ性の洗剤です。

まず揃えておいてほしいのが「重曹」と「クエン酸」です。

この2つで多くの汚れは取り除けますし、安全性の面からもおすすめできます(厳密にいうとこれらは洗剤ではありませんが、本書では「洗剤的」に使うという意味でここに含めています)。

クエン酸は、その名にあるように酸性の洗浄剤です。キッチンの水アカや白いカルシウム汚れなど、アルカリ性の汚れを落とすのに有効です。

重曹は、アルカリ性の洗浄剤です。油汚れや皮脂汚れなど酸性の汚れを落とす時に

用います。約80℃のお湯に溶かして使用すると洗浄力がアップします。

水アカはクエン酸、油汚れは重曹と覚えておきましょう。

水回りのお掃除には金属封鎖剤入りを使う

クエン酸や重曹で落としきれない汚れには洗剤を使用します。代表的なものが台所用の中性洗剤です。台所用洗剤の成分で大事なのは「界面活性剤」の濃度です。界面活性剤の濃度が高ければ高いほど少量の洗剤で汚れが落とせます。

「キュッキュとするだけで油汚れが落ちるよ」というのはそういうことです。

100円ショップなどで売られている洗剤には、界面活性剤の量が少ないものがあります。その場合は、洗剤をたくさん使わないと汚れが落とせません。

中性洗剤には、キレート剤と呼ばれる「金属封鎖剤」が配合されたものもあります。金属封鎖剤は、水道水に含まれる金属の付着を防いでくれるもので、ただの中性洗剤よりも高い洗浄力を持ちます。

お風呂用洗剤など、水回りの洗浄をうたった商品には、たいてい金属封鎖剤が配合されています。

機会があったらボトル裏の成分表示を見てみましょう。

水回りには、金属封鎖剤入りの洗剤が有効と覚えておきましょう。

塩素系は使わないにこしたことはない

ほかに塩素系の洗剤があります。塩素系の洗剤は、あまり体によくありませんし、残留も心配されるので、使わないにこしたことはありませんが、お掃除に布きんを使われる方は「塩素系漂白剤」が1本あると便利かもしれません。

商品名よりも含まれている成分を見る

台所用、トイレ用、お風呂用など、さまざまな名称で販売されている洗剤ですが、商品名よりも含まれている成分が大事です。用途別にいくつも用意しておけばそれはそれで安心ですが、必ずしもたくさんの種類が必要なわけではありません。

たとえば台所で使っているものがトイレで使えないかというとそのようなことはなく、水回りのお掃除に欠かせない「キレート剤」が含まれていれば代用は可能です。

商品名に振り回されるのではなく、これからは成分に注目してみてください。成分が同じであれば1本あれば使い回しできます。

似たような成分が配合されているのに違う名前で売られているのは、トイレで使っている洗剤を台所で使いたくない。そんな心情に配慮しているからかもしれません。

なんとなく使うより、ちょっとした知識を入れることで、よりきれいに汚れを落とせる

フローリングのホコリに掃除機は禁物

フローリングのホコリは意外とベタベタしている

フローリングのお掃除は、掃除機よりもフローリングワイパー（ドライ）の方が向いています。床に貼り付いているホコリは意外とベタベタしています。ふわふわと床に乗っていそうなんですけど、そうでないことの方が多いのです。

ベタベタしている上にさらにホコリが乗ってくるとそれなりの厚みが出て、掃除機でも何とか取れはするのですが、うっすらと貼り付いているホコリをムラなく取るのは掃除機だけではなかなか難しい。

それよりもフローリングワイパーのシート部分を床に軽く押し付けて一方向拭き（S字ストローク）する方がきれいに取り除けます。

特に水気の多いキッチン回りやお風呂の脱衣場などがそうです。

掃除機とワイパーを使い分ける

掃除機と比べて、フローリングワイパーの方が手間がかかります。毎回フローリングワイパーでやるのは面倒と思われるようでしたら、掃除機とフローリングワイパーを併用されるとよいでしょう。

部屋の隅や狭い場所は掃除機が苦手とするところです。ヘッドが当たって汚れが取り切れません。

後日、フローリングワイパーで重点的にお掃除してやるといいでしょう。代わりに松本式スクイージーを使用してもかまいません。

部屋の中心は簡単に、壁際は時間をかけて丁寧に

フローリングのお掃除は、部屋の中心から始めます。

掃除機も同様です。中心部分は汚れがたまりにくいので簡単に、ホコリのたまりやすい壁際や家具の下などは丁寧に行うようにしてください。

動かすスピードはゆっくりです。

食べこぼしなどの汚れを見つけたら、霧吹きで水を吹きかけ、乾いた布で取り除きます。スタンプを押すように上からペタペタと押し付けると汚れを広げることなくきれいに取れます。

スリッパでフローリングの汚れが減る

フローリングのベタベタ汚れは、スリッパで減らすことができます。ホコリが床に貼り付く原因のひとつに、足の裏の汗や皮脂による汚れがあります。手のひらの脂でスマホの液晶画面が汚れますよね。あれと同じです。

玄関で靴を脱いで家に上がると、ペタペタと足跡が付きます。目に見えないからわからないだけで、以前、ある番組で調査をしたところ、たった数時間で部屋中が足跡だらけになっていました。

足跡はベタベタしているのでホコリを引き寄せ、そこに少しずつホコリがたまっていくようです。

その点、スリッパを履いていれば、スリッパの裏は汚れますが、フローリングにはホコリが付きにくくなります。スリッパは足裏をきれいに保つだけではなく、家の中を汚しにくくする優れたアイテムです。

最初にスリッパを考えた人ってすごいですね。

フローリングには、ワイパーがベスト。場合によって掃除機を使う

カーペットは、掃除機でゆっくり。秒速20センチのスピードで

カーペットの奥の汚れは粘着ローラーでは取れない

ここまで読み進められて、「あれっ」と思われた方もいらっしゃるかもしれません。家のお掃除の代表格ともいえる「掃除機」の話がほとんど出ていません。

実は、家のお掃除で「掃除機でなければ」といった場所はほとんどありません。唯一の例外といえるのがカーペットやラグです。

「掃除機はどういう場所で必要ですか？」と聞かれたらこう答えます。

「カーペットです。カーペットは掃除機でないときれいにできません」

粘着テープでゴミやホコリを取り除く「粘着ローラーはどうですか？」と質問される方もいらっしゃいますが、粘着ローラーはカーペットの表面に付いた汚れを取るこ

とはできますが、繊維に絡まった汚れを吸い上げることはできません。カーペットのお掃除で一番大事なのは、繊維と繊維の間に入り込んだ汚れを取り除くこと。表面のお掃除だけではダメなのです。

カーペットは毛の奥に大量のゴミがたまっています。そのままにしておくと、カビやダニがそれらをエサに繁殖します。しかも、カビやダニは目には見えません。だからこそ恐ろしいのです。

カビやダニが発生しなくても、カーペットの上を人が勢いよく移動するたびにたまったホコリが舞い上がります。

カーペットの奥の汚れは回転ブラシで吸い上げる

カーペットのお掃除で必要なのは、回転ブラシの付いた掃除機です。回転ブラシを使うとカーペットの繊維の奥にたまった汚れを吸い取ることができます。回転ブラシが繊維をかき分け、ホコリやゴミを吸い上げてくれるのです。

アレルギーをお持ちのお子さんや持病のあるご高齢の方がいらっしゃるようでしたら、回転ブラシ付きの掃除機を使ってこまめにお掃除してください。

◯ 掃除機のヘッドをゆっくりと動かしてやる

カーペットのお掃除ではかけ方が大事です。まずは前後にゆっくりと動かしてください。1メートルあたり5、6秒が目安です。

なぜ、ゆっくり動かした方がいいのか。繊維と繊維の間に絡まった汚れを取り除くにはある程度の時間が必要だからです。また、ゆっくりと動かすことでホコリの舞い上がりを最小限に抑えることができます。

ヘッドを強く押し付ける必要はありません。カーペットの毛が寝てしまい、かえって汚れが取れなくなります。軽くゆっくりと動かしましょう。

もうひとつ大事なポイントがあります。ヘッドを後ろに引き戻す時は、前に押し出す時よりもさらにゆっくりと動かすことです。

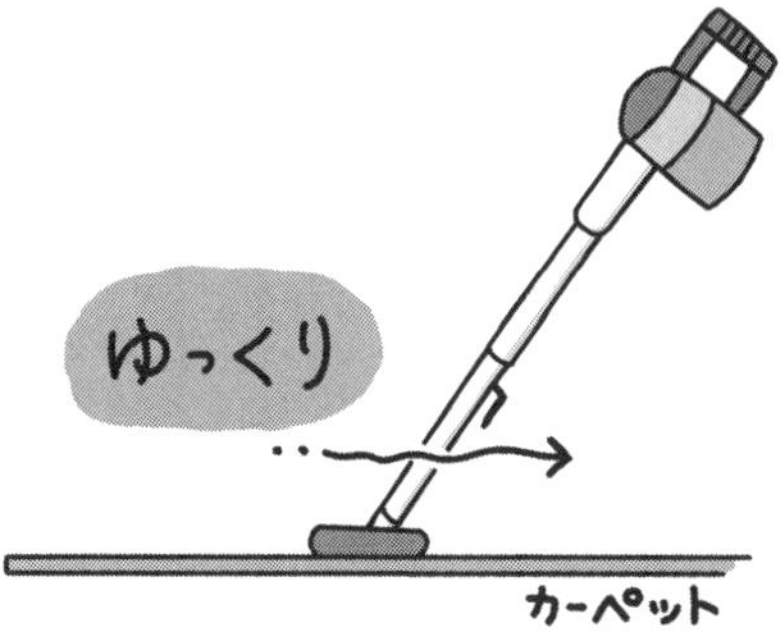

掃除機は秒速20センチの速さでゆっくりと

引く時はさらにゆっくりと動かす

現在販売されている回転ブラシ付きの掃除機の多くが前回転のブラシを採用しています。前回転とは、その名の通り、進行（前）方向にブラシが回転しているものです。ご自宅の掃除機が前回転か後ろ回転かは簡単に調べられます。前に動かした時にスーッと軽く進んでいくようでしたら、前回転と考えて間違いありません。

では、どうして後ろに引く時、よりゆっくりと動かすとよいのでしょう。ブラシの回転とは逆向きに動かすと、カーペットの毛の1本1本に抵抗がかかって毛足が開き、繊維の奥にたまった汚れを吸い出しやすくなるからです。

実は、前に動かした時と後ろに引き戻した時では、吸い上げるゴミの種類が違います。前に動かした時は、どちらかというと綿ボコリのような大きめの汚れが多く、後ろに引いた時は灰のような細かくさらさらした汚れが多くなります。

床のホコリが舞い上がりにくいスティックタイプがおすすめ

掃除機を使う際にもうひとつだけ注意してほしいことがあります。

排気口から出る風です。

掃除機は、吸ったらその分だけ排気をします。この排気が部屋のホコリを舞い上がらせてしまうのです。

掃除機が巻き上げたホコリは、約20分間、部屋の中を漂い続けるというデータもあります。

ホコリをできるだけ舞い上がらせないためには、排気口が高い位置にあるものを選ぶとよいでしょう。また、コードレスタイプで微粒子をしっかりと除去してくれるフィルターが搭載されていればなおよしです。コードレスのスティックタイプなどがそれにあたります。

◎ 和室は掃除機、畳の目に沿ってゆっくりとかける

和室のお掃除にも掃除機がよいでしょう。

ほうきは、ホコリを舞い上げてしまうのでやめてください。ほうきは、健康を守るためのお掃除には向いていません。

畳の目に沿って、ゆっくりと掃除機を動かしていきましょう。畳の目には、汚れが

入りやすく、そのままにしておくとカビやダニの発生源となります。

ゆっくりかけても、6畳間でしたら、だいたい3分程度ですみます。

ダニ対策には、マイクロファイバークロスを使った乾拭きも効果的です。掃除機と同じように畳の目に沿ってゆっくりと拭き上げてください。クロスでしたら、掃除機が苦手とする隅の部分もしっかりと拭き上げられます。

使い終わったクロスは、洗濯をしてしっかりと乾かしましょう。


掃除機はゆっくりかけるほど、汚れを吸い込む。ガシガシと強く動かさない

壁のホコリは化織はたきで定期的に取り除く

空気中のホコリが壁に引き寄せられる

リビングの壁、寝室の壁、廊下の壁、壁の一部が黒ずんだりしてはいませんか。

壁は、手でひんぱんに触れる場所ではないので、手の脂や皮脂がべったりと付着することはありません。一方で静電気が発生しやすい場所です。

壁のクロスに静電気が発生すると、空気と一緒に移動しているホコリが引き寄せられます。それが壁の凹凸に貼り付き、少しずつホコリがたまっていきます。

一見きれいに見える壁でも、ブラシでこするとホコリがたまっているのがよくわかります。

壁はホコリがたまりやすい場所です。ホコリの多いところを中心に年に3～4回お掃除してあげるとよいでしょう。

静電気の力でホコリを取り除く

壁のお掃除には、化繊はたきを使います。化繊はたきは、壁に発生している静電気力よりも強い力でホコリを吸い寄せてからめとります。

壁の上から下へゆっくりと動かしてください。

お掃除の前に繊維部分を手のひらなどで何度かこすってやるとよいでしょう。静電気力が増して、ホコリをからめとりやすくなります。

化繊はたきの代わりにストッキングを使うのもよいでしょう。いらなくなったストッキングを針金式のハンガーにかぶせて完成です。お掃除がすんだらストッキングを内側にくるくるっとまとめてそのままポイと捨てられます。

化繊はたきは、お風呂のシャワーなどで洗い流して完全に乾燥させてから再利用します。はたいてはいけません。はたいたら必ず周囲に舞います。舞ったホコリを吸い込むことになります。必ず水洗いをして、乾燥させてください。

なお、そのままの状態で移動してしまうとどうしても取ったホコリが舞ってしまいます。ビニール袋に入れてからお風呂などの水場に移動させましょう。

ストッキングは狭い場所のお掃除にも役立つ

ストッキング＋針金ハンガーは、ソファーや食器棚の下など狭い場所にたまったホコリを取り除く時も役立ちます。針金ですから、隙間に合わせて自由に形が変えられます。厚みもほとんどないので、掃除機やフローリングワイパーでは難しい狭い場所でもラクラクです。ブーメランのような形にしてやれば、たまったホコリをかき出すこともできます。

壁は実はホコリだらけ。舞い上げないように静電気を利用して取る

水回りのお掃除は、洗顔や歯磨き時にすませる

洗顔や歯磨きのついでにさっと水気を取る

洗面所の掃除は、顔を洗った時や歯磨きの時についでにやるとよいでしょう。お掃除といっても、ペーパータオルで水気を取ってやるだけです。

使ったあと、すぐにきれいにしてやれば、それほど汚れることはないはずです。大事なことは、手の届くところにペーパータオルを用意しておくこと。他の場所に取りに行って戻って拭くとなるとどうしても面倒に思い、後回しになります。

汚れはためてはいけません。事前の準備も必要です。

そもそも汚れといっても、使った直後の汚れはたいしたことありません。定着もしていないし、さっとひと拭き。簡単にすむはずです。お掃除が嫌いな人ほど、気づい

た時にすませてしまうとよいでしょう。

洗面所の掃除はメラミンスポンジひとつでOK

洗面台のお掃除に洗剤はまず必要ありません。ちょっとした汚れなら、小さく切ったメラミンスポンジを水で濡らしてこすってやれば取れるはずです。

汚れを見つけたら、メラミンスポンジでちょこっとこする。これだけでよい状態が保てます。たまにメラミンスポンジの使えない素材や加工の洗面台がありますが、その場合は普通のスポンジでも大丈夫です。洗面台のお掃除は、使った直後に水気を取る、汚れに気づいた時にちょこちょこっとスポンジでこする。これで大丈夫です。

こまめに水分を拭き取ってカビを発生させない

お風呂で気になるのはやはりカビでしょう。カビは、目地やパッキンに付きやすく取れにくい。

カビの発生は、入浴後に、床、壁、シャンプーなどのボトル類、石けん皿、洗面器などについている水分を拭き取ることでかなり防げます。

浴槽は、キレート剤入りの中性洗剤でこすり洗いをします。

こすり洗いには、柔らかいスポンジを使ってください。目地やパッキンなどの柔らかい部分を硬いブラシでこすってしまうと、傷だらけになってしまい、カビが付着しやすくなります。そうなるとカビ取り剤などを使ってもなかなか落とせません。素材に傷がつくと、傷がカビで埋まってしまうからです。

メラミンスポンジは一見柔らかそうに見えますが、意外と硬いので、目地やパッキンの掃除には不向きです。確かによく落ちますが注意してください。

キッチンシンクも水気を拭き取ってやることが大事

最後にキッチンシンクですが、こちらも使ったあとに水気をしっかり取り除くことです。水分を残しておくと水アカの原因になります。

水アカの除去には、クエン酸が有効です。濃度約10%のクエン酸水（水150ミリリットルに対してクエン酸を大さじ1）を用意し、スプレーボトルで吹き付けます。1～3分程度そのままにし、その後、スポンジの柔らかい面でこすって汚れを落としましょう。最後にドライペーパーかクロスで乾拭きをして仕上げます。

このように水回りで大事なことは、できるだけ水気を残さないことです。

水はカビの繁殖のもと。水回りはとにかく水気を残さないこと

トイレ掃除はビニール袋でひと工夫

床のホコリから始めて全体を除菌して仕上げる

トイレ掃除は、どこから始めるとよいでしょうか。

便器、床、それともそれ以外。

さあ、どれでしょう。

答えは床です。まず床のホコリを取ることから始めます。松本式スクイージーを使って、ホコリのたまりやすい壁沿いや便器の周りを中心に拭いていきます。動かす時は奥から手前です。スクイージーが届かない部分は、ペーパータオルやティッシュなどで拭き取ってやるとよいでしょう。

次に便器です。キレート剤の入った中性洗剤（あるいはトイレ用洗剤）を便器の内側に吹きかけて5分ほど放置します。少し時間を置いてやると汚れが落としやすくなります。

待っている間に、除菌シートで、タンク周り、フタ、便座、便器の外側の順に拭いていきます。汚れを落とすことが目的なのでゴシゴシと往復拭きしてかまいません。

それがすんだら、トイレブラシで便器の内側を磨いていき、最後に新しい除菌シートで全体を一方向拭きして仕上げます。手で触れる部分、水洗レバー、ペーパーホルダー、ドアノブなども忘れずに除菌しておきましょう。

また、ときどきでかまいませんので、壁のホコリを化繊はたきで取り除いてください。トイレの壁には換気扇が集めたホコリが付着しやすくなっています。

ちなみに大掃除などで床、便器、壁をすべて掃除したい、という場合は、壁のホコリが床に落ちますので、壁、床、便器の順で掃除するのがオススメです。

◎手袋の代わりにビニール袋を使うと便利

掃除の際には必ずビニールの手袋をしましょう。トイレは、家の中で多くの病原性微生物が潜みやすい場所です。床や壁にたまったホコリを栄養源に細菌が繁殖しているかもしれません。

ビニール手袋がない場合は、普通のビニール袋でかまいません。いや、むしろ、みなさんにはビニール袋をおすすめします。

ビニール袋なら手にかぶせるだけで簡単に装着できますし、使用後は裏返しにしてくるくるっと丸めてゴミ箱にポイです。洗って乾かさなければならないビニール手袋と比べて断然に扱いがラク。トイレ掃除で1本1本の指を使うことはないので、作業にも問題はないでしょう。

また、トイレブラシにもビニールをかけておけば、使用後にビニールを外して捨てるだけですみます。トイレブラシは洗って乾かすことがなかなか難しいのですが、ビニール袋を使えば簡単に解決できます。なお、最近ではトイレブラシを使わずに便器をきれいにできる洗剤もあります。わたしがおすすめしている洗剤は、「洗浄力 モコ泡わトイレクリーナー」（エステー株式会社）です。ブラシでこすらなくても汚れがきれいに落とせるだけでなく、便器がピカピカになるのです。わたしも使ってみて驚いたのですが、泡でモコモコになったり、よい香りがしたり、ピカピカになったりすると、お掃除が楽しくなりますよね。

なお、トイレで掃除機を使うのはやめた方がいいでしょう。菌やウイルスにヘッド内部が汚染されたり、排気によって菌やウイルスを含んだホコリが舞い上がってしまいます。

トイレブラシには大量の雑菌が。
ビニール袋をかけて、常に清潔な状態に

エアコン内部のお掃除はプロにお願いする

窓を開けてからエアコンを入れる

エアコンをつける前に、まず部屋の窓を開けましょう。窓を閉め切った状態でエアコンをつけてしまうと、部屋中にカビの胞子が舞い上がる可能性があります。

みなさんは、エアコンの吹き出し口をのぞいたことはありますか。

LEDライトなどで中を照らしてみてください。フィルターがカビやホコリで真っ黒になってはいないでしょうか。

カビやホコリが付いた状態でエアコンをつけるとどうなるか。

エアコンの吹き出し口から内部に発生したカビやたまったホコリが一気に放出されてしまいます。

冷房時に一番カビが放出されるのはつけた直後です。ですから、エアコンをつける前に窓を開けて、しばらく換気をしてやるのです。5分ぐらい経ったら閉めてかまいません。カビやホコリの放出は収まっています。

窓を開けっ放しのままエアコンをつけるなんて、少々もったいない気もします。でも、そうしないと部屋の空気がカビやホコリだらけになってしまい、アレルギーや喘息を引き起こしてしまうかもしれません。

その後もできれば30分に1回ぐらい、5分程度、換気するとよいでしょう。

エアコン内部が結露してカビが発生する

エアコンは、構造上、カビが発生しやすくなっています。

どういう時にカビが発生するかというと、エアコンをオフにしている時です。

冷房の場合、いったんエアコンに部屋の空気を入れ、冷やして部屋に戻します。この時、エアコンの内部で結露が起きます。結露してもそのままつけっ放しなら問題はないのですが、エアコンを消すと結露したままになり、そこからカビが発生します。

しばらくぶりに自動車のエアコンをつけた時にすえたようなニオイがした。そんな経験はありませんか。

あのニオイも結露によって発生したカビが原因です。

ちなみに結露が起こるのは冷房だけで暖房の時には起こりません。

エアコン内部の洗浄はプロに任せる

家のお掃除は、ほとんど自分でできます。もちろん例外もあります。プロでないと難しいのがエアコン内部の洗浄です。

わたしの家でもエアコンの内部洗浄はプロにお願いしています。

内部洗浄は、使い方にもよりますが、年に1回でいいでしょう。時期は、エアコンを使い始める梅雨前か、使い終える秋の終わり頃。

フィルターのお掃除は自分でもできます。定期的にフィルターを掃除してあげるだけでカビやホコリの放出を減らせます。

大きなホコリはブラシで取り除き、その後、水洗いをしてしっかりと乾燥させます。

なお、汚れたフィルターを移動する際は、むき出しのままではなく、ビニール袋などに入れ、ホコリが舞い散らないように注意しましょう。

エアコンを使う最初の5分は、窓を開ける。カビの胞子を部屋の外に出す

第4章

人生で大切なことは掃除が教えてくれた

お掃除は、家族を守る手段

なぜ洗剤を使うと汚れが落ちやすくなるのか

お掃除は物理と化学でできています。

洗剤で汚れが落ちるのは、洗剤と汚れの間で化学反応が起こり、そこにブラシやペーパーなどによる力が加わって、汚れが取り除かれるからです。前者は化学、後者は物理学で説明できます。

風の流れやホコリの移動は、物理学のひとつである流体力学で証明できますし、モップをどのぐらいのスピードで動かすと、どのような風が起こり、ホコリはどこへ飛んでいくのか、どのぐらいの時間で床に落下するかなどを計算によって求めることも可能です。

もちろん現実の世界では、さまざまな条件が複雑に絡み合っているため、必ずしも計算通りにはいきませんが、原理原則から大きくはずれることはありません。

熱は高いところから低いところへ移動します。キッチンで火を使うと熱で暖められた空気が、隣接する温度の低い部屋へと移動します。ということは、キッチンで発生した油やホコリは、その流れに乗って部屋から部屋へと移動していくわけです。

人が歩くと0・1秒ぐらい遅れて、進行方向と直角の風が発生します。人の動きと同時に風が発生するわけではありません。女性とすれ違った時に香水の匂いがすることがありますが、実はすれ違った瞬間ではなく、少し遅れて香ってきます。風は、動作から少し遅れて起こるためです。

ホコリも同じで、人が移動した直後ではなく、少し間を置いてから移動し始め、風は外へ外へと流れていく。その結果、部屋の隅にたまりやすいのです。

◎エビデンスに基づいたお掃除で健康を守る

わたしは、こうしたエビデンスに基づき、より効率的なお掃除法を模索し続けてきました。科学的根拠に則ったお掃除法こそが、みなさんの健康を守ることにつながると考えているからです。

科学的根拠に基づいたお掃除法であれば、お掃除をすればするほど、家の中に潜む病原体を確実に減らし、感染のリスクを下げることができます。

科学的事実を知っていれば、乾いたホコリでいっぱいの場所を、いきなり濡れぞうきんで拭き、感染のリスクを高めてしまうことは減っていくでしょう。

しかし、まだまだ道半ば。見た目のきれいさを優先する美観重視の現場は多く、決められたことを決められたようにやることが高く評価される、そうした昔ながらの傾向が根強く残っています。

家はそこで暮らす人に害を与えてはいけない

お掃除の本当の役割は、ナイチンゲールが『病院覚え書』の冒頭に示したように「病院がそなえているべき第一の必要条件は、病院は病人に害を与えないことである」です。

つまりは、「まず、患者さんの健康と命を守るために病院内の環境を整備することが求められる。病院の環境を整えることで、患者さんの免疫力を高め、健康と命を守る」ということになります。

「病院」の部分を「家」に置き換えてみると、

「家が備えているべき第一の必要条件は、家は住人に害を与えないことである」

となり、そのために必要なことは、エビデンスに基づいたお掃除法を取り入れ、実践していくことと考えています。

そう思うと、病院で看護師さんが患者さんのためにお仕事をするように、家のお掃除というのは一緒に暮らす家族の健康のためになっている、と言えるのではないでしょうか。

科学的に正しい知識が、病気になる「家」を、健康を守る「家」に変える

お掃除は人と人をつなぐコミュニケーション

人が出した汚れを人が減らしていく

わたしは、一般的なお掃除の世界の人と比べて、科学的に物事をとらえ、可視化もして、「お掃除は物理と化学である」という立場で清掃という仕事に携わってきました。そのため周りの人からは「すごく合理的な人」と見られているようですが、目標はもっと別のところにあります。

わたしが目指しているのは、お掃除によって居心地のよい環境を作ること、そこで暮らす人たちが楽しく仲良く過ごせることです。

それは「家の中にウイルスいませんよ。ホコリひとつ落ちていませんよ。カビの胞子ゼロですよ。すごいでしょう」ということではありません。

「結果的に時短ができたから、その分をもっとほかのことに回しましょう」といった時間的なものでもありません。

人が出した汚れを人が減らしていく。

お掃除って突き詰めていくと、人と人とのつながり、コミュニケーションのひとつだと思うのです。

お掃除の先にあるものをどれだけ正確にイメージできるか。やっていることは同じでも目指すところによって結果は違ってくるはずです。

目に見えない部分の衛生管理がサービスになる

新型コロナの影響で、これまで以上にお店の衛生管理が求められています。

これまでにお店の衛生管理が大きな売りになるということはありませんでした。

もちろんまったく掃除が行き届いておらず、汚すぎるというケースは除きます。

きれいな方がお客様が集まりやすいことは確かですが、だからといって目に見えないところまでしっかりとやる必要があるのかといったら、必ずしもそうではなかった。

目に見えない衛生環境が必ずしも直接お店の人気にはつながらない、という面がありました。

ところがこの1、2年で大きく変わりました。

新型コロナの感染対策も含めた衛生管理がお店のサービスのひとつになる。少なくともなり始めています。

「汚い」というクレームが前よりも増えている

お客様もこれまで以上にお店の衛生管理を気にしています。

先日、カラオケボックスの方と話をしたのですが、実際、お客様からのクレームが増えているそうです。特に以前と比べて汚くしているというわけではありません。これまで以上に気を配っているのに「汚い」というクレームが増えたというのです。それはお客様がこれまで以上に衛生を気にされているからでしょう。

新型コロナの影響で「きれい、汚い」「衛生、不衛生」ということに敏感になり、不安なのでしょう。

わたしはこれを「クレームが増えているから問題だ」で片付けてはいけないと思っています。

お客様の視点が衛生面に向いているので、お店はそれにどう応えていくべきなのか。
サービス業のあり方が問われていると思うのです。

お掃除とは常に、人と人とをつないでいること。そのことを意識する

お掃除には人としての「あり方」が出る

人は人を見ている。人を感じている

コロナ後に求められるサービス業のあり方とは、どのようなものでしょうか。

衛生面が重視されるのはもちろんですが、何もそれは「毎回、お店のテーブルを除菌しています」や「レジ周りを除菌しています」といった作業だけに限ったことではありません。お客様はもっと違った部分も見ているのだとわたしには思えます。それはどこかというと、お店で働くスタッフたち、すなわち「人」です。

確かに作業は大切です。でも、それだけでは足りません。

わたしたちは、明るくて、笑顔がすてきで、気遣いができる、そんな人がいるお店に惹かれます。この点は、コロナ禍でもコロナ後でも変わりないでしょう。

そこで大切になってくるのが、「この人のいるお店だったら信頼できるし、安心できる。きっと見えない部分についてもしっかりと衛生管理をしているのだろう」といった安心感や信頼感です。

結局、人は人を見ています。人は人を感じています。ただ機械的に「1日に除菌を何回やりました。だから大丈夫です」だけでは人は安心できません。

「わたしたちスタッフは、お客様のためにきちんと感染対策を行っています」という雰囲気が、働く人から伝わってきた時にはじめてお客様は納得し、安心して利用していただけるようになるとわたしは考えています。

人は何回拭いたかよりもどんな思いで拭いたかに安心する

以前、消臭剤などの大手日用品メーカーのエステー株式会社と共同でスタッフ向けのセミナーを実施しました。テーマは感染対策で、対象はホテルの接客スタッフさんです。みなさん接遇のプロですから、接客についてわたしが教えられることはありません。

では、どのようなテーマで接遇のプロたちに指導していくのか。

それは「サービスと衛生対策の両立」です。

新型コロナの影響でスタッフのやるべき業務が増えました。7割以上のスタッフがそのことを負担に感じているといいます。その一方でお客様とのコミュニケーションの機会は減っています。

このような状況でわたしにできることは何か。お掃除や除菌に関するスタッフさんの負担を減らしてあげること、労ってあげることです。

「どこまでやればよいのか」

「しっかりとできているのか」

「なぜ、それをやらなければいけないのか」

こうしたスタッフさんの不安や心配を取り除き、正しいやり方で効率よく汚れを減らす方法を伝えていくのが狙いです。

スローガンは「ルールから思いやりへ」。

これまで感染対策に関しては「これをやりなさい。あれをやりなさい」とルールを押し付ける面が強かったのですが、これからはもっと先のこと、対策の先にいるお客様のことを思って取り組んでいきましょう、接遇の一環として感染対策に取り組んでいきましょうというものです。

お掃除や除菌は何のためにやっているのかといったら、やはり人のため。お掃除や除菌は単なる作業ではなく、人と人をつなぐコミュニケーションなのです。

「回数」よりも「どんな思いで」の方がずっと大切

わたしが「掃除」と胸を張っていえるようになるまで

たかが掃除屋だろう、掃除で何ができる

わたしはこれまでに35年以上、医療清掃に携わってきました。その間にたくさんの嫌な思いをしてきました。

「たかが掃除屋だろう。掃除屋に何ができる」と罵られたことも一度や二度ではありません。

掃除中、病院の事務方の人がスーッとわたしのところへ近づいてきて、汚れている部分を無言で指差し、「拭けっ」と指示されたこともあります。

言葉で「ここが汚れているからお願いね」と注意してもらえれば、「はい」と素直に受けられますが、その方は一言も発せず、汚れた部分をまっすぐに指し、わたしの

ことをにらみつけました。

医療の現場から見たら、いつまで経っても掃除屋は掃除屋なんです。だから、こうした扱いをされることは当時は珍しいことではありませんでした。

ずっと「掃除」という言葉が嫌いだった

だからかもしれません。わたしは「掃除」という言葉がずっと嫌いでした。わたしにとって「掃除」という言葉は、「清掃」よりも低い概念で、口にするのがはばかられる言葉でした。

本書にあるような「掃除」という言葉を使い始めたのはごく最近のことです。ずっと「たかが掃除屋」として下に見られて生きてきましたが、わたし自身は、「清掃」とか「衛生管理」とか「感染対策」とか「環境整備」とか、少しでもプロフェッショナルを感じさせる言葉にすがっていたかった。そうすることで何とか自分のプライドを保つことができたのです。

掃除と清掃、同じ行為を指すにしても「掃除」という言葉は絶対に使いたくなかった。わたしにとって「掃除」は、踏み絵のような存在だったのです。

でも、一般の人にとって掃除は掃除なんです。家の「清掃」とは習慣的にいわないだけです。で、ようやく気がついたのです。

「掃除じゃダメだ。掃除は、清掃よりも低い概念。周りから認めてもらえない」

そう思っていたのは、ほかでもないわたし自身。周りの人は別にバカにして「掃除」といっているわけではないんだ、と。

いま思うと本当にバカバカしいのですが、その時は「『掃除』なんてありえない。自分がやっているのは絶対に『清掃』なんだ。プロの仕事なんだ」と思い込んでいたんです。一番「ダメだ」と思っていたのはわたし自身だったのに、です。

幸いなことに、いまでは何の抵抗もなく「掃除」と口にできます。

もちろん病院やホテルなどで行う場合は「掃除」とは言わずに「清掃」といいますが、一般の人に対してはどこへ行っても「掃除」や「お掃除」です。

妙なこだわりが本来の目的を見えづらくしていた

大きなきっかけとなったのは、2017年に出させていただいた『健康になりたければ家の掃除を変えなさい』です。この本を出版したことによって、わたしの中で

「お掃除と健康の関係」について大きな手応えを得ることができました。

これが『健康になりたければ家の清掃を変えなさい』や『健康になりたければ家の環境を整えなさい』だったらどうでしょうか。「清掃」や「環境」という言葉でプロっぽい雰囲気が出ていますが、何だかしっくりきません。

やはり「掃除」と「健康」の組み合わせだからよかったと思うのです。

わたしは一番大事なことを忘れていたようです。

健康になってもらうためには、「掃除」でも「清掃」でもどちらでもかまわないのです。大事なことは、みんなが健康で快適に過ごせるような実施をすること。そのためのノウハウを提供すること。

こうしてようやく本来の目的に立ち返ることができたのです。

ここまで来るのに結構な時間がかかりました。

自分のつまらないプライドが邪魔をしていたのです。

◎ 実際のところお掃除って本当にすごい

お掃除は、家事の中でも認めてもらいにくいお仕事のひとつです。

料理のように作って、食べて、おいしいと満足してもらうといった喜びはありません。どのぐらいやったのかの成果も見えにくいですし、やったそばからまた汚れ、やってもやっても終わりは見えません。

だからでしょうか。多くの人がお掃除を嫌い、できるものならやらないですませたいと放置しています。

でも、実際のところお掃除ってすごいんです。

ナイチンゲールのいう「病院がそなえているべき第一の必要条件は、病院は病人に害を与えないことである（家が備えているべき第一の必要条件は、家は住人に害を与えないことである）」ための役割を担っているのがお掃除という仕事。絶対に欠かせない仕事ですし、しっかりとお掃除をしているからこそ、あなたやあなたの家族は、毎日を健康に楽しく過ごせているのです。

きれいな家が毎日の楽しみをこっそりサポートしている

正しいことは海を越えて伝わっていく

うちの病院を中国で一番の病院にしてほしい

2019年から中国深圳《シンセン》市にある国立病院の環境づくりコンサルタントを請け負っています。はじめての訪問で驚かされたのは、医療従事者たちの期待値の高さです。もうびっくりするぐらい病院の環境整備に対する意識が高い。

到着の翌日に行ったプレゼンテーションでは、院長をはじめ病院のトップの方が勢揃いし、その場で院長からお願いをされました。

「衛生管理において、まず深圳で一番の病院にしてくれ」

「次に中国で一番にしてくれ」

で、最後にこう言われました。

「日本並みにしてくれ」

てっきりわたしは「世界で一番に！」といわれると思っていたところ、最終目標はなんと日本の病院だったのです。中国はアメリカとの関係があまりよくないことも影響しているのかもしれませんが、「日本の病院はどこもすごく清潔で衛生管理が行き届いている」と高く評価しているようです。

正しいやり方を可視化を使って説明。好反応が得られた

さて、中国の病院清掃の実情ですが、日本のそれと比べてかなり大雑把なものでした。たとえばトイレ掃除では、そこら中にホースで水を撒き散らし、あたり一面がビッチャビチャ。それを乾かそうと大きな送風機をワーッと回すので、汚れを含むいろいろなものが舞い上がっていました。

病室ではお見舞いにきた家族のお子さんが走り回ったり、どの部屋にも必ずあるシャワー室からの水で病室の床がビチャビチャな中での清掃のため、スタッフは苦労が絶えません。

また現地のスタッフと消毒のやり方で激しい議論になったこともありました。消毒

液の濃度が高すぎたため（モップをかけたあとに塩素の匂いが鼻をつくほどの濃さ）、それを指摘したのですが、なかなか首を縦に振ってくれません。中国の人たちは、清掃でも消毒でもとにかく徹底的に大胆にやりたがるようで、それでいてひとつひとつの作業は大雑把。

わたしは日本で行っている掃除のやり方を動画で説明し、次にそれを実践してもらう、という形で進めました。

説明をしていく中で、一番反応がよかったのはＬＥＤライトを使った汚れの可視化。「いま、このようにモップを動かしたけど、その結果、ホコリがこんなに舞い上がっています。次はこういうふうに動かしてみてください。ほら、これならほとんどホコリが舞い上がりません」といった感じです。

すると、あちらこちらから「えーっ」と驚きの声が上がりました。

見えない汚れの可視化は、日本だけではなく、世界に通じるのです。

実習の最後には、たくさんの人から「ライト、欲しい、ライト、欲しい」とせがまれ、手持ちのものをプレゼントしたところとても喜んでくれました。ＬＥＤを片手に記念撮影までしました。日本ではちょっと考えられないほどの反響です。

こうした可視化の効果もあってか、外部機関による抜き打ち監査でトイレ掃除が100点中98点を収めたそうです。後日、それについて現地の新聞取材を受け、「日本人が『トイレ革命』を起こした」という内容で紹介されました。

続けていくことで、思わぬ広がりを見せる

中国でのコンサルタント業は、まだ始めたばかりですが、本当にいい経験となりましたし、日本でコツコツと積み重ねてきたことが、他の国でこれほど伝わるとは驚きでした。もちろん文化や慣習の違いもあって、素直に受け入れてもらえないこともあります。

先述の消毒剤の使い方がそうです。向こうの人は自分の意見をはっきりと言います。だから、わたしもはっきりと自分の意見を伝える。お互いに主張し合っていく中で妥協点を見出し、現場に落とし込んでいく。

わたしは運がよかったのでしょう。

よくわたしを選んでくれた。よくわたしのことを見つけてくれた。中国の医療関係者の方には感謝の気持ちでいっぱいです。

ひとつひとつは小さくても、続ければ助かる命もあるかもしれない

自分が信じていることをやり続けていると、本人にも思いもよらぬ広がりを見せることがあるようです。

人生、本当に何が起こるかわかりません。

まだ中国だけですが、機会があれば、アメリカやヨーロッパでも日本で培ったお掃除術を広めていきたいと願っています。

ひとつひとつは小さいことでも、うまく機能していけば助かる命もあるかもしれない。「お掃除にそれほどの力はないよ」と思われる方もいらっしゃるかもしれませんが、それはそれとして素直に受け入れましょう。

なぜなら、人から何をいわれようと、どう思われようと、正しいと思ったことをやり続けることが何よりも大事とすでに知っているからです。

決められたことをやるだけでなく、いつもゼロから考える

既成概念にとらわれすぎると考えが広がらない

お掃除という作業は、単純であまりにも日常的すぎて、生まれた時からずっとそういうものだと思われがちです。

でも、そんなことはありません。まだまだ改善の余地が残っています。お掃除に限らず、ある考えに凝り固まってしまうと、もうそれ以上のアイデアが出てこなくなります。

前にお話ししたお店の入口に敷かれている玄関マットもそうでしょう。本来の目的を忘れ、形から入ってしまうと、ああいう結果になります。

わたしはどんな時も、ゼロから考えていくよう心がけています。すると「こうした

らどうだろう」「ああしたらどうだろう」「ここは、こういう形にしたらいいんじゃないか」など新しいアイデアが生まれてきます。もちろんすべてがうまくいくわけではありませんが、松本式スクイージー、透明モップ（モーキ）（※1）、除菌棒（※2）、スライムローラー（※3）、ペットボトルで化繊はたきのホコリ飛散防止（※4）、使い捨ての道具を積極的に導入などのアイデアは、既成概念にとらわれずにゼロから考えることで生まれたモノたちです。

脚注

※1 後述。204ページ参照

※2 100円ショップの突っ張り棒にタオルを巻きつけて作った除菌アイテム。手が届かない場所などのお掃除に役立つ

※3 ホウ酸入りの洗濯洗剤、重曹、洗濯のりを混ぜて作ったスライムを100円ショップのペンキローラーに巻きつけて使う。網戸やカーテンレールなど窓の周りのお掃除で活躍する

※4 ペットボトルの側面の一部をカットし、化繊はたきをセット。化繊はたきで取ったホコリの飛び散りを防止してくれる

決められたことをただ繰り返すのではなく

わたしが敬愛してやまないナイチンゲールは、当時病院が抱えていた問題を解決するために「ナイチンゲール病棟」を提唱・設計しました。

問題とは、患者の詰め込みすぎ、患者の管理体制のあり方、病院の建築構造上の欠陥などがありました。彼女はこれらが原因となって「本来、病人を回復させるための病院が、かえって病状を悪化させている」「二次感染（院内感染）を誘発し、死亡率を上昇させている」とし、その解決のために自ら病棟を設計したのです。特徴は次のようなものです。

・大部屋に20～30床程度のベッドを配置する
・仕切りのない大部屋で通気性をよくする
・大部屋同士を渡り廊下でつなぐ
・中央にナースステーションを設置する
・ベッド同士の間隔を十分に取る

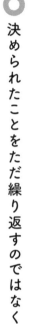

・換気に適した構造の窓を設置する

ベースにあるのは、「病院が備えるべき第一条件は、病院建築が患者に害を与えないこと」です。ナイチンゲールのアイデアは多くの人に認められ、19世紀後半にはヨーロッパ各国でナイチンゲール病棟が多数建築されました。

「決められたことをこれまで同様に繰り返すのではなく、いまこの瞬間に自分がいいと判断したものに変えていく」

わたしは、そんな彼女の姿勢に共感しましたし、わたし自身も彼女と同じ考えで清掃という仕事に向き合っていきたいと考えています。

いまこの瞬間に自分がいいと思ったものをやる

「やらされている」から「やりたくなる」へ

作業者が自分で気づける、そんな掃除道具が欲しい

先にご紹介した「モーキ」。どのぐらいのゴミがたまったのか、一目でわかります。モーキを導入する前は、作業員からしばしばこんな不満が上がっていました。

「昨日、しっかりと掃除をしたばっかりなのに、もうこんなに汚れている。これじゃあ、やってもやっても切りがありません」

お掃除をしたばかりの場所がすぐに汚くなればやる気も落ちます。でも、本当の問題は、場所ではなく、お掃除のやり方にありました。

こうしたケースで多いのは、前回の清掃で汚れが取り切れていないことです。本人はしっかりとやったつもりでも、ホコリを別の場所に移動させてしまったり、押し込

んだりしているだけで、うまく回収できていないのです。だから、すぐに汚れてしまうように見える。しかも、本人はそのことに気づいていません。

本人が気づいていないなら、気づけるような道具があればいい。作業をしながら、リアルタイムに、どこに汚れがたまっていて、いまどのぐらい汚れが取れたのかがわかるようにすればいい。

「そうだ、モップのヘッド部分を透明にしよう」

そんな発想から生まれたのが透明モップのモーキです。

ついつい汚れを探しに行きたくなる

モーキには、意外な効果もありました。

ひとつは本人も気づかないうちにお掃除のテクニックが身につくこと。

防塵モップは動かし方ひとつでホコリの取れ具合が違ってきます。その点、モーキだと、こう動かすとよく取れて、ああ動かすとあまり取れないということが目で見てわかります。すると、自然と汚れがよく取れる動かし方をするようになるんですね。

さらに意外だったのは、スタッフが自ら汚れを探しに行くようになったことです。

誰に教えられるわけでもなく、指示されるわけでもなく、ホコリがたまりやすい隅の方へ隅の方へと引き寄せられていくのです。

おもしろいですね。

充実感を持って働いてもらうために

わたしは、現場のスタッフにやりがいと充実感を持ってもらうためには、次の3つの要素が必要だと考えています。

1．ホコリがたくさん取れた。
2．気になっていた汚れが落とせた。
3．時間内に作業を終えることができた。

透明モップのモーキは、見事にこれら3つの条件をクリアし、作業スタッフの意識向上とスキルアップに役立ってくれています。

「結果が見えると作業が楽しくなる」
「やらされ感が減って、仕事が自分事になる」

これは一般家庭のお掃除でも同じだと思います。

自分が何をやっているのか、成果や作業を可視化することはとても大事なことです。見方を変えると、それぐらいにお掃除という仕事は満足感を得にくいお仕事であるといえます。

成果を見えるようにすると、つまらない作業も楽しくなる

視点を変えると幸せに近づく

使い捨ての道具なんてもったいなくて使えない

これまでずっとぞうきんを使ってきた人から見たら、ペーパータオルのような使い捨ての道具を掃除に使うのはもったいない、と思われるのも無理はありません。洗って何度も使えるぞうきんに比べて、一度しか使えないペーパータオルはぜいたく品に思えます。その気持ちはわかります。

でも、それは物事をピンポイントでしか見ていないからでしょう。ペーパータオルは1回しか使えないわけですから、繰り返し使えるぞうきんに比べてもったいないことは確かです。

では、お掃除全体で見た時はどうでしょうか。

どちらがお掃除の効率化や時短につながると思いますか。

これはもうはっきりしています。ペーパータオルです。

お掃除に使い捨ての道具を取り入れることで、お掃除の後片付けや後始末にかかる手間や時間は確実に減ります。場合によってはゼロになります。

ぞうきんは繰り返し使うことができますが、使ったあとに、洗って、干して、取り込んでといった作業が必要です。

結局は、それにかかる手間や時間をどう評価するかです。

お金をかけたくないのか、時間や手間をかけたくないのか

もったいないといっても、家のお掃除で使う量は限られています。値段にしても、1パッケージあれば数か月は持つでしょうから、さほど高くつくわけではありません。

それよりも、気軽にちょこちょこ拭くことで、お掃除にかける時間が減るなど、効果的です。それでももったいないと感じるようでしたら、半分に切って使うことだってできます。

結局は、どこをゴールにするかでしょう。

できるだけお金をかけたくないのか、かかる時間や手間を減らしたいのか。ピンポイントで物事を見てしまうと、「もったいないか、もったいあるか」だけを考えて結論を出し、「でも、後始末がたいへんだから掃除はやりたくない。とにかく面倒」で終わってしまうことがよくあります。

あなたは最終的にどうしたいですか。

お掃除はお掃除でしっかりと終わらせて、ほかの楽しいことにも時間をかけたい。だとしたら、どちらが向いているでしょうか。考えてみてください。

価値観は人それぞれです。

最終的にはあなた自身で決めるしかありません。

1週間に1度だけ、仕方なくお掃除をしている。もし、そうでしたら「もったいない」ことよりも、使い捨ての道具を取り入れて、効率や時短を優先すべきだと思います。どちらが自分に合っているか確かめるために、一度、使い捨ての道具を使ったお掃除を試してみるのもよいでしょう。

全体を可視化してやるとうまくいく

モノであふれかえった押入れを片付けることになりました。

あなたならどこから手をつけますか。

片付けの苦手な人は、最初にケースを買ってきます。で、押し入れの中のものをケースごとに整理していきます。しかし、これではうまくいきません。モノが多すぎるからです。結局、ぐちゃぐちゃのままに終わってしまいます。

では、片付けがうまい人はどうするでしょうか。

最初に押入れにあるものをすべて出して並べます。全体を可視化するのです。その上で全体を4つ——絶対に必要、ときどき使う、もしかしたら使う、必要ない——に分けます。

絶対に必要なものは残し、必要ないものは処分します。これは簡単です。すぐに終わります。しかし、この2つは意外と数が少ないものです。

多くて困るのが、もしかしたら使うかもしれないもの。4つの中ではこれが圧倒的に多く、ここをいかに減らせるかが大きなポイントになります。

このように片付けという目的を達成するには、まず全体を可視化する必要があります。最初に全体像を明らかにし、いるいらないの仕分けをして、何を残し、何を捨てるか決断していく。これが片付けの基本です。

これをお掃除に当てはめてみるとどうなるでしょうか。片付けの場合は「モノ」が選択の対象になっていますが、お掃除の場合は「道具」や「やり方」が対象となります。では、その目的は何になりますか。ただきれいにすればよいのか、時間はかかってもいいから完璧にやりたいのか、できるだけ時間も手間もかけずに家族が安心して暮らせる環境を整えたいのか、目的によって使う道具や方法は違ってきます。

あなたはどんな目的を持ってお掃除をしていますか。

目的がはっきりすると、見え方が大きく変わります。これまで「もったいないから」とためらってきたけど、全体から見たらもったいないどころか、お掃除をラクにするために大事なものとよくわかった、と考えが一変するかもしれません。

もったいないことをやってみる。
意外と、人生の質が上がるかもしれません

汚れを理解し、想像して、先回りする

目に見えない汚れを可視化する

汚れの8割は見えていません。

肉眼で見える汚れは全体の2割程度にしか過ぎません。

本書では繰り返しこのようなお話をしてきました。

でも、言葉だけでは説得力がありませんね。そこでわたしがよくやるのが、ブラシでホコリがたまっていそうな壁をさっとひとこすりし、そこにポラリオンライトと呼ばれるライトで強力な光を当てる実験です。

するとすごいのです！

ブラシでこすったあたりから、びっくりするほど大量のホコリが舞い上がっているのが肉眼でもはっきりと確認できます。

みなさんは「窓から差し込む太陽の光に照らされて、部屋の中で舞い上がるホコリが見えた」といった経験はないでしょうか。ポラリオンライトを使うと、あれと似た状況を作り出すことができるのです。

ちなみにポラリオンライトは、病院のオペ室などのクリーンルームの状態を確認するために使われるプロ用の機器です。

ポラリオンライトがなくてもホコリの可視化はできます。懐中電灯型のＬＥＤライトを用意し、部屋の隅やソファーの下、廊下の隅など、ホコリがたまりやすい場所を照らしてみましょう。それまで見えていなかったホコリが、ＬＥＤライトの強い光に照らされて可視化されます。

ホコリの可視化は、松本式スクイージーでもできます。ホコリのありそうな場所をスクイージーでこすってみましょう。一見きれいに見えていた場所からたくさんのホコリが塊になって現れることでしょう。

可視化によって汚れの先回りをする

汚れの可視化は、もともと清掃の基準を作るために行いました。

結局のところ、清掃やお掃除という作業は「目に見えるものをきれいにする」ところから完全には離れられないからです。だから、「あそこが汚い」「ここが汚い」といった話に陥ってしまうのです。

わたしは、そうした状況に一石を投じたかった。

というのも、本当に体に悪いものは目には見えないことが多く、見た目のきれい、汚いだけを問題にしていたら患者さんの健康は守れません。

患者さんの健康を守るには、目には見えない汚れを可視化して、汚れを理解し、想像力を働かせて、先回りすることが必要です。

目では見えないけれど、このような状況にあれば、きっとあそこはこのぐらいのホコリがたまっているだろう。他の場所へ広がっていかないうちに汚れを取り除いておこう。

汚れを可視化することによって先回りができるのです。

これは病院だけではなく、一般の家庭でも同じです。汚れやすい場所をチェックしておき、「そろそろあそこが汚れているだろうな」と予想し、早めに手を打つ。そうすることでよりよい状態を保つことができるようになります。

汚れを可視化して、「うわー、ホコリがたまっている」で終わらせるのではなく、可視化によって得た情報をこれからのお掃除に役立ててください。

目に見えるものだけにこだわると、大事なものを見落とす

お掃除は一種の推理ゲーム

ゲーム性や遊び心を取り入れてみる

梅雨の季節が来ると、カビに関する取材をいくつも受けます。その際、毎回お話しするのが「カビの気持ちになって考えてみましょう」ということ。

ほとんどの方が、「えっ」と一瞬驚かれますが、理由を説明すると納得してくれます。

お掃除には、こうしたゲーム性が大切です。

いつもいつも決まり切ったことを、決まった通りにやるのではおもしろくありません。時には汚れを探す刑事や探偵になった気分で、あるいは宝探しでもするかのようにお掃除を楽しんでみてはどうでしょうか。

想像力を働かせて見えない汚れを見つけ出す

では、さっそくやってみましょう。
あなたは、カビだったらどうしたいですか？
カビになった気持ちで考えてみましょう。

「キッチンから出る暖かい蒸気に乗ってホコリの多いところに行きたいな」
「脱衣所は、適度な湿気とホコリがあって暮らしやすそうだな」
「あそこなら仲間をたくさん増やせそうだな」
「洗面所の排水口はいつも水気があって貼り付きやすそうだな」
「お風呂の目地に貼り付いて、わーっと増えたいな」

いろいろ思い浮かんだことと思います。実はお掃除にも、こうした想像力が必要です。想像力を働かせることで、見えない汚れが見つけやすくなります。

観察力と想像力で、ワンランク上の掃除ができる

同じことが、ホコリや花粉やウイルスでもできます。

ホコリは風に乗って移動していくので、部屋の空気の流れを読み、どのように移動して、どこにとどまるのかを推理します。

観察力と想像力。

エビデンスを集めるには、この2つがものすごく大事。というのは、繰り返しお話ししているように汚れのほとんどが見えないからです。

機会があったら試してみてください。

お掃除のゴールは、心地よい環境＝人生を作ること

きれい、汚いだけでは測りきれない居心地のよさ

ある時、今日、はじめて病室の清掃を行うスタッフに尋ねました。

「この4人部屋を見て、一番気になる場所はどこですか？」

すると意外な答えが返ってきました。

「窓から見える景色です」

なぜ意外かというと、清掃に慣れている人が一番気にするのは床だからです。

では、患者さんならどうでしょうか。

きっと、はじめてのスタッフと同じように床以外の場所、外の景色であったり、ベッドの上であったり、備え付けの家具であったりと、その部屋の居心地に大きく影響

してくる部分だと思います。

きっとそれが普通の感覚でしょう。

ところが清掃作業に慣れている人ほど、真っ先に「きれい、汚い」に目が行くようになります。全体を見ようとせず、すぐに作業に入るようになります。

その場の空気を感じる余裕がなくなっているのかもしれません。

だとしたら、とても残念なことです。

エビデンスに基づいて「あそこにホコリがたくさんあるから取りましょう」「ここはこうやりましょう」と作業効率やクオリティを求めることは、仕事を進める上でとても大事なこと。しかし、それだけで終わってしまってはいけないと思うのです。たとえそれがきれいを求める清掃作業であってもです。

というのは、どんなに清掃が行き届いていても、「ここ、きれいなんだけど何だか落ち着かないよね」という場所もあれば、多少は汚れていても「なんだかここ落ち着くね、しばらく、ここにいたいね」という場所があります。

カフェでもコーヒーだけ飲んでさっと立ち去るお店もあれば、飲みながら本を読んだり、ぼーっとしたりとリラックスできるお店もあります。

意識するだけで心から居心地のよい場所に変わっていく

お掃除や環境整備の最終的なゴールは、ピンポイントで「きれい、汚い」「衛生的、不衛生」と判断するのではなく、「そこにいたいと思ってもらえるか」だとわたしは考えています。それには、さまざまな条件を満たす必要がありますが、基本となる考えはひとつです。

お掃除する人がどのような気持ちでお掃除と向き合っているかだと思うのです。ただ義務としてやっているのか、それともそこで過ごす人に少しでも笑顔になってほしいと思ってやっているのか。お掃除をする人の意識によって、できる空間は大きく違ってくるのではないでしょうか。

時間に追われて、決まったことだけをやって、さっさと帰ってしまう人よりも、「この人が来てくれると、なんだかほんわかと温かい空気が流れて、『あ、わたしのためにいつもきれいにしてくれているんだな』と思わせる」人。

これからは、そのような人材を養成していかなければならないと思っています。そのためには、まずわたし自身が見本にならなければいけません。

ただきれいにすることだけを目的としない

お掃除をただの作業にしないために、お掃除によってどんな環境を作りたいのか、そこで暮らす人がどのようになってほしいのかを考えてみましょう。

「ずっとずっと健康でいてほしい」

「楽しく暮らしてほしい」

「幸せになってほしい」

「いまよりも精神的に豊かな生活を送ってほしい」

ただ、きれいだったらいいとか、汚いところにいたくないから、といったことを目的にしてしまうと、お掃除はただの作業になってしまいます。

ただの作業ではモチベーションも上がりませんし、「嫌だな、面倒だな」といった思いが強くなってしまうのも当然のことでしょう。

お掃除はただの作業ではありません

ナイチンゲールの『看護覚え書』にあります。

「ほとんどすべての女性が、一生のうちに何回かは、子供とか病人とか、とにかく誰かの健康上の責任を負うことになる。言い換えれば、女性は誰もが看護師なのである」

この言葉をわたしなりに言い換えるとこうなります。

「すべての人間は誰かの看護師である。特定の誰かが何かをしなければいけないというのではなく、わたしたちの1人ひとりが少しずつでも誰かのために何かをする。そうすることでいまよりももっと豊かな生活を送ることができる、もっと楽しい時間を過ごすことができる。そのためのひとつの方法がお掃除である」

お掃除はただの作業ではありません。

わたしが望み、実践してきた掃除は「見た目がきれいになる掃除」ではなく、「環境を人が健康でいられる清潔な状態に整える」「人の心が住む場所に整える」掃除です。

間違ったお掃除法を続けることで、一見きれいに見えても、目には見えない汚れが残ってしまうどころか、その汚れを撒き散らし、体内へと侵入させてしまう恐れがあるからです。

「お掃除の楽しさをたくさんの人たちに感じていただきたい」「元気で明るい掃除の世界を創りたい」

そして、ぜひ、実践して、体感していただきたいことです。

そこで、わたしが35年以上の月日にわたり大切にしてきた〝健康を守る掃除法〟をたくさんの人たちにお裾分けしたいと思い、「健康を守るお掃除士」の講座を始めることにしました（詳細はＨＰでご確認いただければと思います。『健康を守るお掃除士』認定講座 https://fukuikukouza.com/）。

掃除をする人誰もが、誰かの看護師なのです

おわりに

今年の夏、わたしは大きく体調を崩してしまいました。はじめの数日間は、40℃近い高熱が続き、歩くこともままならず、立ち上がるのがやっとという状態でした。食欲もほとんどなく、いつもの状態に回復するまでかなり体重が落ちました。

ベッドで寝ていても汗でびっしょり。高熱と部屋の暑さにたえかねてエアコンを強めにかけると、エアコンから吹き出す冷たい風が不快に感じられました。

仕方なく、エアコンの風向きを調整したり、寝る位置を変えたりして、少しでも心地よく休める場所を探し求めました。

この時に頭に思い浮かんだのは、ナイチンゲールの言葉でした。ナイチンゲールは『看護覚え書』にこう記しています。

「看護とは、新鮮な空気、陽光、暖かさ、清潔さ、静かさなどを適切に整え、これらを活かして用いること、また食事内容を適切に選択し適切に与えること――こういったことのすべてを、患者の生命力の消耗を最小にするように整えること、を意味すべきである」

高熱にうなされ、心地のよい居場所を求めていたわたしは思いました。

「ああ、彼女が『看護覚え書』で書いていた環境を整えることの大切さとは、こういったことだったのか」と。


わたしたちの生活は、周囲の環境と密接に関係しています。体調を崩してダウンしていた時のわたしがそうであったように、たとえば風向きひとつで居心地のよさは違ってきます。ちょっとした環境の変化が体調に大きく響いてきます。

普段、そのことに気がつかない、あるいは鈍感になっているのは、体調が万全であったり、慣れすぎてしまっているからでしょう。

ところがいったん体調が悪くなると、弱った体をかばうかのように、体の感覚が研ぎ澄まされます。普段、気にならなかったことに敏感に反応するようになります。

今回、わたしはそのことを身をもって知ることになりました。

ふと「久しぶりに温泉にでも行きたいな」とか「自然の豊かなところを旅してみた

いな」と思うことはありませんか。このような時は、心と体が「きれいな空気」や「落ち着ける環境」を求めているのでしょう。見方を変えれば、普段、生活している場所の「空気」や「環境」が乱れ始めているのかもしれません。

温泉や旅行へ行くには、ある程度のまとまったお金と時間が必要です。しかし、いつも生活している場所の環境を整えるにはそれほどお金も時間もかかりません。

家の中をお掃除して居心地のよい「心が住む場所」を取り戻しましょう。

ずっと笑顔で健康でいるために、「家」の環境を整えましょう。

お掃除を、拭くことを、あなたと家族の安心安全につなげていきましょう。

お掃除によって、拭くことによって、家や社会に福を招き入れましょう。

本書がその一助になってくれることを心から願っております。

最後までお読みいただきありがとうございました。

2021年11月

松本忠男

参考文献

『看護覚え書：看護であること看護でないこと』フロレンス・ナイチンゲール、現代社
『ナイチンゲールの『看護覚え書』イラスト・図解でよくわかる！』金井一薫、西東社

松本忠男
（まつもと・ただお）

(株)プラナ代表取締役社長、ヘルスケアクリーニング(株)代表取締役社長。

東京ディズニーランド開園時の正社員、(株)ダスキンヘルスケアを経て、亀田総合病院のグループ会社に転職し、清掃管理者として約10年間、現場のマネジメントや営業に従事。1997年、医療関連サービスのトータルマネジメントを事業目的として、(株)プラナを設立。

亀田総合病院では100人近く、横浜市立市民病院では約40人の清掃スタッフを指導・育成し、これまで現場で育ててきた清掃スタッフの総数は700人以上。現場で体得したコツやノウハウを、多くの医療施設や清掃会社に発信する。

2019年１月からは、中国の深圳市宝安区婦幼保健院(1000床病院)の環境整備を指導するなど、活動の場は海外にも広がる。

『健康になりたければ家の掃除を変えなさい』(扶桑社)、『清掃は「いのち」を守る仕事です。― 清掃に取り憑かれた男、30年の闘い』(辰巳出版)など著書多数。

病院清掃35年のプロが教える　病気にならない掃除術

2021年11月25日　第1刷発行

著　者　松本忠男
発行人　見城 徹
編集人　福島広司
編集者　寺西鷹司

GENTOSHA

発行所　株式会社 幻冬舎
〒151-0051　東京都渋谷区千駄ヶ谷4-9-7

電話　03(5411)6211(編集)
03(5411)6222(営業)
振替　00120-8-767643
印刷・製本所　中央精版印刷株式会社

検印廃止

Printed in Japan
ISBN978-4-344-03860-8　C0095
幻冬舎ホームページアドレス　https://www.gentosha.co.jp/

この本に関するご意見・ご感想をメールでお寄せいただく場合は、
comment@gentosha.co.jpまで。